yh 415

Paris
1867

Goethe, Johann Wolfgang von

Le Renard

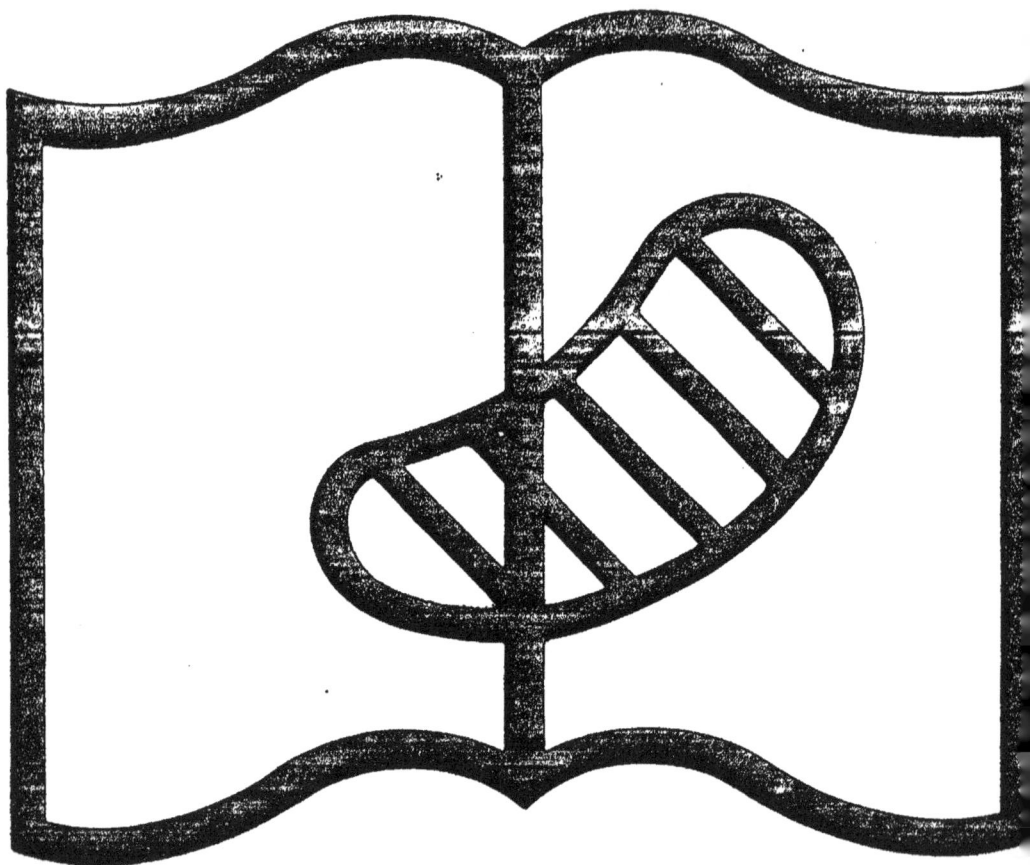

Symbole applicable
pour tout, ou partie
des documents microfilmés

Original illisible

NF Z 43-120-10

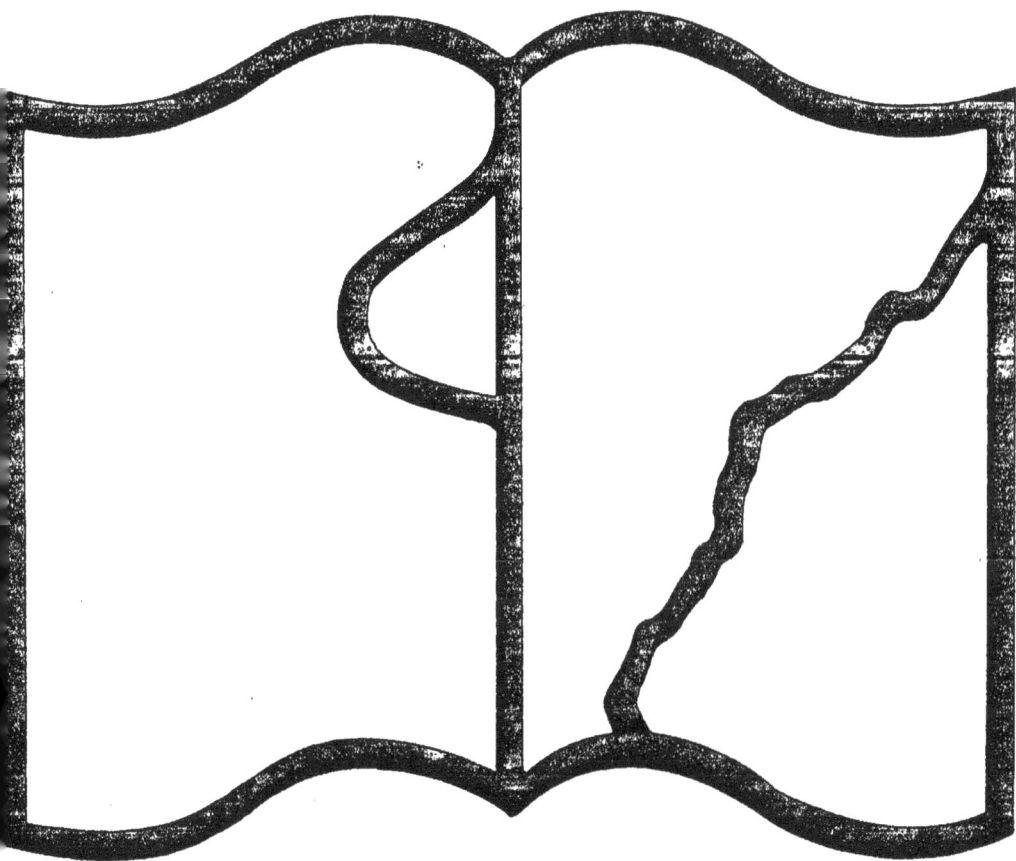

Symbole applicable
pour tout, ou partie
des documents microfilmés

Texte détérioré — reliure défectueuse

NF Z 43-120-11

Yh415

39 DESSINS DE KAULBACH

LE RENARD

DE GOETHE

TRADUIT

PAR ÉDOUARD GRENIER.

L'ouvrage complet coûtera : broché, 2 francs

PARIS, J. HETZEL, ÉDITEUR, 18, RUE JACOB

1re Série   PRIX : **1** fr. **10** cent.

59 DESSINS DE KAULBACH

LE RENARD

DE GŒTHE

TRADUIT

PAR ÉDOUARD GRENIER

L'ouvrage complet coûtera : broché, 2 francs

PARIS, J. HETZEL, ÉDITEUR, 18, RUE JACOB.

2ᵉ Série   PRIX : 1 fr.

LE RENARD

GŒTHE

LE RENARD

(REINEKE FUCHS)

TRADUCTION DE

ÉDOUARD GRENIER

ILLUSTRÉ PAR

KAULBACH

PARIS

J. HETZEL, LIBRAIRE-ÉDITEUR

18 — RUE JACOB — 18

1867

PRÉFACE

Si j'étais un savant, ou seulement un érudit, quelle belle occasion j'aurais dans cette Préface d'étaler ma science et même celle d'autrui! A propos du *Renard*, je ferais une profonde dissertation dans laquelle, remontant le cours des siècles jusqu'à nos origines indo-germaniques, j'irais chercher les premiers vestiges de cette épopée des bêtes dans les plateaux boisés de l'Asie centrale, et plus tard dans les forêts de la Germanie, où nos libres aïeux vivaient presque en communauté familière avec les ours, les loups et les renards, ces grands seigneurs de la solitude dans nos zones tempérées. Je montrerais que ces légendes primitives, empreintes de naïveté et de grandeur, se sont perdues pour nous dans leur rudesse native, faute d'avoir trouvé un Homère ou d'avoir été fixées par l'écriture. Plus tard, quand le monde germanique eut pris son assiette, lorsque les tribus sorties des forêts se furent partagé les champs, et que les villages se groupèrent à l'ombre des châteaux ou des couvents, l'oubli les avait presque effacées de la mémoire des hommes. Quelques fragments surnagèrent; ils furent recueillis, traduits en latin et écrits sur parchemin par quelque moine saxon, qui se plut surtout à y voir et à en faire une satire déguisée de la vie humaine et du monde féodal. Sans dire un mot des frères Grimm, de Gervinus et de Vilmar, à qui j'emprunterais ces notions, je décrirais les premières apparitions de ces légendes dans la littérature du moyen âge : ici, dans la Flandre méridionale, à la fin du XIᵉ siècle, sous la plume de maître Nivardus, avec le titre d'*Isengrimus*; là, cinquante ans après,

également en latin, mais cette fois-ci sous le nom de *Reinardus*, dans
la Flandre du Nord, sous la dictée d'un moine inconnu, probablement
bénédictin, à en juger par les allusions malignes qu'il y mêle contre les
moines de Cîteaux et leur fondateur saint Bernard. Je revendiquerais
pour la France la priorité des rédactions en langue vulgaire; les textes
ont péri, il est vrai, mais il a dû en exister à pareille époque; car il
s'est passé pour cette épopée animalesque le même phénomène littéraire
que pour les grandes épopées carlovingiennes : c'est par la France, et
grâce aux poëtes français, que l'Allemagne a connu et recouvré ces
légendes d'origine germanique. Ici, ce n'est pas une conjecture, c'est
une certitude; car, si le texte français du *Renard*, au XIIe siècle, a dis-
paru, nous en possédons les traductions allemandes, d'abord celle de
Henri de Glichesœre, vers 1150; puis, cinquante ans plus tard, celle
d'un inconnu, qui rimèrent en allemand les versions françaises sous le
nom désormais consacré de *Reinhard Fuchs*. A la fin du XIIe siècle, dans
le XIIIe et le XIVe se succèdent plusieurs manuscrits français, que, cette
fois, nous possédons. Ce sont les plus riches. Ils embrassent vingt-sept
branches ou récits : Villem de Matoc, en 1250, en fait une version hol-
landaise. Dans cette forme, la légende retourna une seconde fois en
Allemagne pour être retraduite et divisée en livres par Nicolas Baumann,
de Lubeck, qui l'écrit en bas allemand. Cette édition parut à Osnabruck
en 1498, sous le titre de *Reineke Vos*, qui éclipse désormais le vieux
nom haut allemand de *Reinhard*; il ne se retrouve même plus que dans
le français qui l'a gardé (car le sagace lecteur aura sans doute remarqué que notre mot de *Renard* n'a pas d'autre étymologie). Cette version
eut une grande faveur, elle se réimprima souvent, et même, honneur
insigne au XVIe siècle, elle fut retraduite en latin. Pleine d'allusions, et
d'une allure toute populaire, son succès, qui se comprend, s'est conservé
jusqu'à nos jours. On en a fait plusieurs traductions en haut allemand,
en allemand classique. La plus connue est celle de Gottsched, qui était
peu doué pour ce genre de travail. Enfin, Gœthe vint, et quoique sa
version, comme le fait remarquer Grimm, manque un peu de cette fami-
liarité et de cette simplicité épique qui peuvent seules donner une idée
complète de la légende primitive, elle est la dernière, et elle restera.

Voilà ce que je dirais, beaucoup mieux et plus au long, avec force
citations et commentaires, si j'étais un savant; je dirais même bien
d'autres choses encore. Mais, heureusement pour le public, et malheureusement pour moi, je ne suis qu'un simple traducteur. Ma tâche est

plus facile et mon horizon plus borné. J'ai tout au plus à dire quelques mots du *Reineke Fuchs* de Gœthe, et à rappeler pourquoi et dans quelles circonstances ce grand génie en vint à reprendre ce thème des vieux âges, et à lui redonner une nouvelle popularité en le revêtant d'une forme plus savante et désormais impérissable.

C'est à la fin de 1792, comme il le raconte lui-même dans son livre de la *Campagne de France*, que *Reineke* lui tomba sous la main; peu s'en faut que le grand païen n'y vît une attention particulière de la Providence (*eine besondere Fügung*) pour le tirer de la consternation où l'avait jeté le spectacle de la Révolution française. Nous qui vivons encore de 89 et en 89; nous dont la société tout entière et les constitutions politiques, même celle d'aujourd'hui, reposent sur les principes si chèrement achetés de cette glorieuse époque; nous dont le berceau, comme celui de Moïse, a été porté par les eaux de ce fleuve immense; nous dont la jeunesse a joué librement dans ses vagues, et qui, à cette heure, dormons dans un de ses remous, avant d'être repris, demain peut-être, par les flots impétueux de son courant irrésistible, nous avons peine à comprendre le trouble et l'aversion d'un si grand esprit devant cet avénement de l'idée moderne. Mais il faut se reporter à cette époque, aux déceptions amères qui suivirent les jours d'enthousiasme, aux nuages sanglants qui obscurcirent cette aurore. Il faut surtout se reporter à la situation d'esprit où se trouvait Gœthe alors. Il sortait d'Italie, où il s'était retrempé dans la solitude, l'indépendance et la libre jouissance des deux choses qu'il aimait peut-être par-dessus tout : la lumière et l'étude de l'antiquité. A peine revenu en Allemagne, plein d'idées sereines et de projets littéraires, il trouve tout changé autour de lui; la face de la terre est renouvelée, le monde hors de ses gonds, comme il le dit lui-même. Parmi les poëtes et les artistes qui ont traversé les douze dernières années de ce siècle, il en est plus d'un qui comprendra le trouble et la colère qu'apporte dans ces âmes, éprises de paix et d'idéal, l'envahissement brutal du fait, du bruit et des commotions politiques.

Forcé de suivre le duc de Weimar dans la croisade des princes allemands contre la France, Gœthe, dans cette vie de camp et de cour ambulante, ne pouvait guère se livrer à ses créations ni même à ses études favorites; il fut donc heureux de trouver dans la lecture du *Renard,* puis dans le remaniement auquel il le soumit, une distraction forcée qui occupât son esprit et lui entretînt, pour ainsi dire, la main. Car, il ne faut pas l'oublier, l'artiste était chez lui à la hauteur du poète, si même il ne le dépassait; et, quand l'un ne pouvait se livrer aux joies de la création, il voulait que l'autre utilisât pour son art ces entr'actes obligés qui se rencontrent dans la vie de l'homme le plus indépendant et le plus laborieux. Il se mit donc aussitôt à l'œuvre dans l'hiver de 93, au milieu des travaux de reconstruction et d'ameublement de sa maison de Weimar, qu'il devait quitter encore au printemps pour assister au siége et à la reddition de Mayence, enchanté, à ce qu'il raconte, d'avoir une si belle occasion d'écrire quelques milliers d'hexamètres et de s'exercer dans la pratique de ce rhythme dont les règles n'étaient pas encore bien nettement établies en allemand. Klopstock et Voss l'avaient déjà employé, mais avec un grand laisser aller et une prosodie trop complaisante. Gœthe a-t-il été plus habile que ses devanciers? Sans doute; mais lui-même semble confesser que la quantité de ses vers n'est pas toujours à l'abri de tout reproche. Pour moi, je l'avoue, j'ai grand'peine à distinguer un bon hexamètre allemand d'un mauvais; il m'a paru qu'il y entrait toujours beaucoup de bonne volonté et de fantaisie; c'est un rhythme étranger à nos langues modernes, qui se sent de la conquête, une conquête un peu violente, comme d'ordinaire. Mais ce n'est pas notre affaire, à nous autres Français, de juger ces choses-là.

Quant à la traduction, je l'ai faite pour mon ami J. Hetzel, qui désirait populariser en France cette œuvre si populaire en Allemagne, en la publiant avec les très-curieux dessins du célèbre Kaulbach. Ce désir était si légitime de la part de l'éditeur des *Animaux peints par eux-mêmes*, le seul livre qui, depuis La Fontaine, ait fait parler les Bêtes avec esprit, que j'aurais eu mauvaise grâce à m'y refuser. Les nombreux lecteurs de l'œuvre la plus réputée de Grandville et de Stahl me sauront gré, je l'espère, d'avoir contribué, pour ma part, à leur rendre possible la comparaison entre les dessins de l'artiste allemand et ceux de l'artiste français. J'ai donc traduit. Mais la tâche n'était pas facile. Dépouillée du rhythme épique qui donne à lui seul du piquant à la *Batrachomyomachie*, la pensée court grand risque d'être tantôt enflée, tantôt vulgaire. Ai-je évité ces deux écueils? Pas toujours, sans doute. Que la faute n'en remonte jamais au grand poëte allemand, mais reste à la charge de son humble et insuffisant traducteur!

E. G.

PREMIER CHANT

La Pentecôte, cette fête charmante, était arrivée; les champs et les bois se couvraient de verdure et de fleurs : sur les collines et sur les hauteurs, dans les buissons et dans les haies, les oiseaux, rendus à la joie, essayaient leurs gaies chansons; chaque pré fourmillait de fleurs dans les vallées odorantes; le ciel brillait dans une sérénité majestueuse et la terre étincelait de mille couleurs.

Noble, le roi des animaux, convoque sa cour; et tous ses vassaux s'empressent de se rendre à son appel en grand équipage; de tous les points de l'horizon arrivent maints fiers personnages, Lutké la grue et Markart le geai, et tous les plus importants. Car le roi songe à tenir sa cour d'une manière magnifique avec tous ses barons; il les a convoqués tous ensemble, les grands comme les petits. Nul ne devait y manquer, et cependant il en manquait un : Reineke le renard, le rusé coquin, qui se garda bien de se rendre à l'appel, à cause de tous ses crimes passés. Comme la mauvaise conscience fuit le grand jour, le renard fuyait l'assemblée des seigneurs. Tous avaient à se plaindre; ils étaient tous offensés; et, seul, Grimbert le blaireau, le fils de son frère, avait été épargné.

Ce fut le loup Isengrin qui porta le premier sa plainte, accompagné de ses protecteurs, de ses cousins et de tous ses amis. Il s'avança devant le roi et soutint ainsi l'accusation :

« Très-gracieux seigneur et roi, écoutez mes griefs! Vous êtes plein
de grandeur et de noblesse; vous faites à chacun justice et merci :
veuillez donc prendre pitié de tout le dommage que j'ai souffert, à ma

Noble, le roi des animaux, convoque sa cour.

grande honte, par le fait de Reineke. Mais, avant tout, soyez touché du
déshonneur qu'il a jeté si souvent sur ma femme et des blessures qu'il
a faites à mes enfants; hélas! il les a couverts d'immondices et d'ordures
si corrosives, qu'il y en a encore trois à la maison qui souffrent d'une
cruelle cécité. Il est vrai que, depuis longtemps, il a été question de ce
crime : on avait même fixé un jour pour mettre ordre à de pareils griefs;
il offrit de faire tous les serments; mais bientôt il changea d'avis et

courut s'enfermer dans sa forteresse ; c'est ce que savent trop bien tous les hommes qui m'entourent ici. Seigneur, il me faudrait bien des semaines pour raconter rapidement tous les maux que le brigand m'a faits. Quand

La renard fuyait l'assemblée des seigneurs.

toute la toile que l'on fait à Gand deviendrait du parchemin, elle ne pourrait pas contenir tous les tours qu'il m'a joués ; aussi je les passe sous silence. Mais le déshonneur de ma femme me ronge le cœur ; j'en tirerai vengeance, quoi qu'il arrive. »

Lorsque Isengrin eut ainsi tristement parlé, on vit s'avancer un petit chien qui s'appelait Vackerlos ; il parlait français et raconta combien il était pauvre et qu'il ne lui restait rien au monde qu'un petit morceau d'andouille et que Reineke le lui avait pris ! Alors le chat Hinzé, tout en colère, s'élança d'un bond et dit : .

« Grand roi, que personne ne se plaigne du mal fait par le scélérat plus que le roi lui-même. Je vous le dis, dans cette assemblée, il n'y a personne ici, jeune ou vieux, qui doive craindre ce criminel autant que vous. Quant à la plainte de Vackerlos, elle ne signifie rien ; il y a des années que cette affaire est arrivée ; c'est à moi qu'appartenait cette

andouille. J'aurais dû me plaindre alors; j'étais allé chasser; chemin
faisant, je fis une ronde de nuit dans un moulin; la meunière dormait,
je pris tout doucement une andouille, je l'avouerai; mais si Vackerlos y
eut jamais quelque droit, il le doit à mon adresse. »

Il tint Lampe serré dans ses griffes.

La panthère dit :

« À quoi bon ces plaintes et ces paroles? elles ne servent à rien;
le mal est assez constaté. C'est un voleur, un assassin, je le soutiens
hardiment. Ces messieurs le savent bien; il est artisan de tout crime.
Tous les seigneurs, et le roi lui-même, viendraient à perdre fortune et
honneur, qu'il en rirait s'il y gagnait seulement un morceau de chapon
gras. Que je vous raconte le tour qu'il a fait hier à Lampe le lièvre; le
voici devant vous, cet homme qui n'offensa jamais personne. Reineke
joua le dévot et s'offrit à lui enseigner rapidement tous les chants
d'église et tout ce que doit savoir un sacristain; ils s'assirent en face
l'un de l'autre et commencèrent le Credo. Mais Reineke ne pouvait pas
renoncer à ses anciennes pratiques : au milieu de la paix proclamée par
notre roi et malgré son sauf-conduit, il tint Lampe serré dans ses griffes et

colleta astucieusement l'honnête homme. Je passais près de là ; j'entendis leur chant, qui, à peine commencé, cessa tout à coup ; je m'en étonnai. Mais, lorsque j'arrivai près d'eux, je reconnus Reineke ; il tenait Lampe par le collet, et certes il lui eût ôté la vie si, par bonheur, je n'avais pris ce chemin. Le voilà ! regardez les blessures de cet homme pieux. Et maintenant, sire, et vous, seigneurs, souffrirez-vous que la paix du roi, son édit et son sauf-conduit soient le jouet d'un voleur ? Oh ! alors le roi et ses enfants entendront encore longtemps les reproches des gens qui aiment le droit et la justice ! »

Isengrin ajouta :

« Il en sera ainsi, et malheureusement Reineke ne changera pas. Oh ! que n'est-il mort depuis longtemps ! ce serait à souhaiter pour les gens pacifiques ; mais, si on lui pardonne encore cette fois, il dupera audacieusement ceux qui s'en doutent le moins maintenant. »

Le neveu de Reineke, le blaireau, prit alors la parole et défendit courageusement Reineke, dont la fausseté pourtant était bien connue :

« Seigneur Isengrin, dit-il, le vieux proverbe a bien raison : « N'at-« tends rien de bon d'un ennemi. » Vraiment mon oncle n'a pas à se louer de vos discours ; mais cela vous est facile. S'il était comme vous à la cour et qu'il jouît de la faveur du roi, vous pourriez vous repentir d'avoir parlé si malignement de lui et d'avoir renouvelé ces vieilles histoires. En revanche, ce que vous avez fait de mal à Reineke, vous l'oubliez ; et cependant plus d'un seigneur le sait, vous aviez fait un pacte et juré tous deux de vivre en bons compagnons. Voici l'histoire : vous verrez à quels dangers il s'est exposé un hiver, à cause de vous. Un voiturier passait sur la route, conduisant une cargaison de poissons ; vous l'aviez flairé et vous auriez voulu pour beaucoup goûter de sa marchandise. Malheu-reusement, l'argent vous manquait. Vous vîntes trouver mon oncle ; vous le décidez et il s'étend sur le chemin comme s'il était mort. Par le ciel ! c'était une ruse bien audacieuse. Mais attendez, vous verrez ce qu'il en retira. Le voiturier arrive et voit mon oncle dans l'ornière ; il tire vivement son couteau pour l'éventrer. Le prudent Reineke ne bouge pas plus que s'il était mort ; le voiturier le jette sur son chariot et se réjouit de sa trouvaille. Oui, voilà ce que mon oncle a osé pour Isengrin ! Tandis que le voiturier continuait sa route, Reineke jetait les poissons en bas ; Isengrin venait de loin tout à son aise et mangeait les poissons. Cette manière de voyager ne plut pas longtemps à Reineke. Il se leva, sauta à bas et vint demander sa part du butin ; mais Isengrin avait tout

2

dévoré, et si bien qu'il en pensa crever; il n'avait laissé que les arêtes, qu'il offrit du reste à son ami.

« Voici un autre tour que je veux aussi vous raconter : Reineke avait appris qu'il y avait chez un paysan un cochon gras, tué le jour même, pendu au clou; il le dit fidèlement au loup. Ils partent ensemble pour partager loyalement le profit et les dangers; mais la peine et le danger furent pour Reineke seul; car il s'introduisit par la fenêtre et à grande peine jeta la proie commune au loup resté au dehors. Par malheur, il y avait là tout près des chiens qui flairèrent Reineke dans la maison et le houspillèrent d'importance; il leur échappa tout blessé, alla bien vite trouver Isengrin, lui raconta ses malheurs et demanda sa part du butin. « Je t'ai gardé un délicieux morceau, lui dit celui-ci; tu n'as « qu'à t'y mettre et le bien ronger, tu m'en diras des nouvelles! » Et il lui apporta le morceau : c'était le crochet en bois après lequel le paysan avait pendu le cochon; le rôti tout entier, ce morceau de roi, avait été dévoré par le loup, aussi injuste que glouton. Reineke, suffoqué de colère ne put rien dire; mais ce qu'il pensait, vous le pensez bien vous-même. Sire, certainement le loup a fait plus de cent pareils tours à mon oncle; mais je n'en parlerai pas.

« Si Reineke est mandé devant vous, il saura bien mieux se défendre; en attendant, très-gracieux roi et noble souverain, j'oserai faire une remarque : vous avez entendu, et ces seigneurs aussi, de quelle manière insensée Isengrin a parlé de sa femme et de son déshonneur, qu'il devrait protéger au prix de ses jours. Il y a sept années révolues, mon oncle a donné son amour à la belle Girmonde; c'était à la danse, par une belle nuit d'été; Isengrin était en voyage. Je le raconte comme je le sais. Girmonde a été sensible aux attentions de mon oncle. Quel mal y a-t-il à cela? Isengrin, s'il était sage, se tairait sur ce chapitre qui ne peut lui rapporter que de la honte. Allons plus loin, continua le blaireau : maintenant c'est le conte du lièvre! pur bavardage! Est-ce que le maître ne doit pas châtier l'écolier quand il manque d'attention et de mémoire? ne doit-on pas punir les enfants? et, si on leur passait leur légèreté et leur méchanceté, comment élèverait-on la jeunesse? Qu'y a-t-il encore? Vackerlos se plaint d'avoir perdu une andouille, en hiver, derrière un buisson; il ferait bien mieux de dévorer son chagrin en silence. Car nous venons de l'entendre, elle était volée : ce qui vient de la flûte retourne au tambour; et qui peut faire un crime à mon oncle d'avoir pris au voleur un bien volé? Il faut que les gentilshommes de

haute naissance corrigent les voleurs et s'en fassent craindre. Oui, il
l'eût pendu alors, qu'il eût été pardonnable ; mais il lui laissa la liberté
par respect pour le roi ; car au roi seul appartient le droit de vie et de

Renalng le coq, entouré de toute sa famille.

mort. Mais mon oncle ne doit compter que sur peu de reconnaissance,
quelle que soit son exactitude à faire le bien et à s'abstenir du mal.
Depuis que la paix du roi a été proclamée, personne ne l'observe comme
lui. Il a changé sa vie, ne mange qu'une fois par jour, vit comme un
ermite, se mortifie, porte une haire sur la peau et se prive depuis longtemps de viande et de gibier, comme me le racontait encore hier quelqu'un qui venait de le voir. Il a quitté Malpertuis, son château fort ; il
se bâtit un ermitage pour y demeurer. Vous verrez vous-même comme
il est maigre et pâle par suite de l'abstinence et des autres pénitences
que son repentir lui a imposées. Car quel mal cela lui fait-il que chacun

lui jette la pierre? Il n'a qu'à venir, il se défendra et confondra tous
ses accusateurs. »

Lorsque Grimbert eut fini, parut Henning le coq, entouré de toute
sa famille, au grand étonnement de l'assemblée. Sur une bière en deuil,
derrière lui, on portait une poule sans tête. C'était Gratte-Pied, la meilleure des couveuses. Hélas! son sang coulait, et c'était Reineke qui
l'avait répandu. Maintenant, il s'agissait de le faire savoir au roi. Le
brave Henning parut donc devant le roi, dans l'attitude d'une profonde
douleur; il était accompagné de deux coqs également en deuil : l'un
s'appelait Kreyant, il n'y avait pas de meilleur coq entre la Hollande et
la France; l'autre ne lui cédait en rien, il avait nom Kantart; c'était
un fier et honnête compagnon; tous deux portaient un cierge allumé;
c'étaient les frères de la victime. Ils appelèrent la vengeance du ciel sur
l'assassin. Deux coqs plus jeunes portaient la bière et l'on entendait de
loin leurs gémissements.

Henning prit la parole :

« Très-gracieux seigneur et roi ! nous déplorons une perte irréparable.
Prenez pitié du mal qui m'est fait, à moi et à mes enfants. Vous voyez
l'œuvre de Reineke! Lorsque l'hiver fut passé, que les feuilles et les
fleurs nous invitaient à la joie, je m'enorgueillissais de ma famille, qui
passait si gaiement les beaux jours avec moi; dix jeunes fils et quatorze
filles, tous pleins de vie! ma femme, cette poule excellente, les avait
élevés en un été. Tous étaient forts et contents; ils trouvaient chaque jour
leur nourriture dans une place bien abritée. C'était la cour d'un riche
monastère; un mur élevé nous défendait; et six grands chiens, les vaillants gardiens de la maison, aimaient mes enfants et protégeaient leur
vie. Mais Reineke le voleur était désolé de nous voir passer en paix
d'heureux jours à l'abri de ses ruses. Il rôdait sans cesse la nuit au pied
du mur et écoutait aux portes; mais les chiens le flairaient, et alors
il n'avait qu'à courir! Enfin, une fois ils l'attrapèrent et le houspillèrent rudement; mais il put s'échapper et nous laissa quelque temps
en repos. Maintenant, écoutez bien! Quelques jours après, le voilà qui
arrive en ermite et me remet une lettre ornée d'un cachet. Je le reconnus : c'était votre cachet, et je lus dans la lettre que vous aviez ordonné
la paix aux animaux et aux oiseaux. Il m'apprit qu'il était devenu
un ermite, et qu'il avait fait vœu d'expier des péchés dont il con-
fessait l'énormité. Personne ne devait donc plus se défier de lui; il
avait promis devant Dieu de ne plus manger de viande. Il me fit exa-

miner son froc, toucher son scapulaire. Il me montra, de plus, un certi-
ficat donné par le prieur, et, pour m'inspirer plus de confiance encore, la
haire qu'il portait sous son froc. Puis il partit en disant : « Que la béné-

Il m'appris qu'il était devenu un ermite.

« diction du ciel soit avec vous ! il me reste encore beaucoup à faire aujour-
« d'hui; j'ai encore à lire *None* et l'*épres*. » Il lisait en marchant. Mais il
ne pensait qu'au mal : il méditait notre perte. Le cœur joyeux, j'allai
bien vite raconter à mes enfants la bonne nouvelle que contenait votre
lettre; ils se réjouirent tous. Puisque Reineke était devenu ermite, nous
n'avions plus de soucis, plus de crainte! Je sortis avec eux de l'antre
côté du mur. Nous nous réjouissions tous de notre liberté. Mais bien mal
nous en prit. Reineke était tapi en embuscade dans un buisson; il en
sort d'un bond et nous barre la porte; il saute sur le plus beau de mes fils
et l'emporte avec lui, et, une fois qu'il en eut tâté, il n'y eut plus rien à
faire; à toute heure, le jour, la nuit, il renouvela ses tentatives, et ni chiens
ni chasseurs ne purent nous préserver de ses ruses. C'est ainsi qu'il
m'enleva presque tous mes enfants. De plus de vingt, il m'en reste cinq;

il m'a pris tous les autres. Oh! prenez pitié de ma douleur amère! hier encore, il m'a tué ma fille; les chiens ont sauvé son cadavre. Regardez, la voilà! c'est lui qui a fait le crime. Que ce spectacle vous touche le cœur! »

Alors le roi dit :

« Approche, Grimbert, et regarde. Voilà donc comment l'ermite pratique le jeûne et comme il fait pénitence! Si je vis encore une année, je promets qu'il s'en repentira! Mais à quoi servent les paroles? Écoutez, malheureux Henning! Votre fille recevra tous les honneurs qui sont dus aux morts. Je lui ferai chanter *Vigile* et la ferai ensevelir en grande pompe; puis nous discuterons avec ces seigneurs le châtiment que mérite le meurtrier. »

Alors le roi ordonna de chanter *Vigile*. Le menu peuple entonna : *Domino placebo*. On en chanta tous les versets. Je pourrais vous raconter qui a chanté la Leçon et qui les Répons; mais cela durerait trop longtemps et nous nous en tiendrons là. Le corps fut déposé dans un tombeau, l'on éleva dessus un beau marbre, poli comme du verre, taillé à quatre faces en pyramide, et l'on pouvait y lire en grosses lettres :
« Gratte-Pied, fille de Henning le coq, la meilleure des poules couveuses;
« personne ne sut mieux pondre et gratter plus habilement la terre.
« Hélas! elle repose ci-dessous. Le meurtrier Reineke l'a ravie à la
« tendresse des siens. Que tout le monde apprenne sa perfidie et sa
« méchanceté et pleure le sort de la défunte! » Telle était son épitaphe.

Après la cérémonie, le roi convoqua les plus sages pour tenir conseil avec eux sur le moyen de punir le méfait dont on leur avait mis des preuves si claires devant les yeux. Ils décidèrent qu'il fallait envoyer un messager au rusé criminel, et que sous peine de vie il eût à comparaître à la cour du roi le premier dimanche qu'elle se rassemblerait; on nomma pour messager Brun l'ours. Le roi dit à l'ours :

« Votre roi vous recommande d'accomplir votre *message* diligemment. Mais soyez prudent; car Reineke est faux et malin. Il n'est sorte de ruses qu'il n'emploiera. Il vous flattera, il vous mentira; pour vous duper, tout lui sera bon.

— Oh! que nenni, répliqua l'ours avec assurance, soyez tranquille! Si jamais il a l'impudence de tenter rien de pareil avec moi, je jure de par Dieu que je le lui ferai payer si cher, qu'il n'aura garde de ne pas venir! »

DEUXIÈME CHANT

*L'ours se rend à Malpertuis et s'acquitte de son message. — Le renard le conduit chez
Rustevyl, en lui promettant de l'y rassasier de miel. — L'ours est pris par la tête et par les
pattes de devant dans un tronc de chêne. — Les paysans surviennent et l'accablent de coups.
— Il réussit enfin à leur échapper, et se sauve à la nage. — Le renard l'aperçoit sortant
de l'eau, et le raille. — L'ours se traîne jusqu'à la cour et raconte au roi sa mésaven-
ture. — Le chat reçoit la mission de porter à Reineke une nouvelle sommation.*

C'est ainsi que Brun l'ours s'en alla fièrement à la recherche de Reineke. Il rencontra d'abord un désert sablonneux qui n'en finissait pas.
Quand il l'eut traversé, il arriva dans les montagnes où Reineke avait
coutume de chasser; la veille encore, il s'y était livré à ce divertisse-
ment. Mais il lui fallut aller jusqu'à Malpertuis, résidence magnifique de
Reineke. De tous les châteaux, de toutes les forteresses qui lui appar-
tenaient, Malpertuis était le plus sûr donjon. Reineke s'y retirait aussitôt
qu'il avait à craindre quelque attaque. Brun monta au château et trouva
la porte d'entrée fermée à triples verrous. Il se recula un peu et se prit
à réfléchir; enfin, il se mit à crier :

« Mon neveu, êtes-vous à la maison? C'est Brun l'ours qui vient
comme messager du roi. Car le roi a donné sa parole de vous faire comparaître en jugement à la cour; il m'a chargé de venir vous chercher afin
que justice soit faite à tous; sinon il vous en coûtera la vie; car si vous ne
bougez pas, vous êtes menacé de la roue et de la potence. C'est pourquoi
prenez le meilleur parti, venez et suivez-moi; autrement il pourrait
vous en repentir. »

Reineke entendit tout ce beau discours du commencement jusqu'à la fin sans broncher ni donner signe de vie. Il se disait :

« N'y aurait-il pas moyen de faire payer cher à ce lourdaud son orgueilleuse éloquence? Songeons-y un peu. »

C'est Brun l'ours qui vient comme messager du roi.

Il descendit dans les caves du château, dont les fondements avaient été bâtis avec beaucoup d'art. Il s'y trouvait des trous et des cavernes avec des corridors longs et étroits et quantité de portes qu'on ouvrait et fermait suivant les nécessités du moment. Apprenait-il qu'on le recherchât pour quelque méfait, il trouvait là le meilleur asile. Souvent aussi de pauvres animaux s'étaient laissé prendre dans ces méandres, et étaient devenus la proie du brigand. Reineke avait bien entendu le discours de l'ours; mais, avec sa prudence habituelle, il craignit qu'il n'y eût quelque embuscade derrière le messager. Mais, quand il se fut assuré que l'ours était bien venu tout seul, il sortit et dit :

« Soyez le bienvenu, mon très-digne oncle! Pardonnez-moi si je vous ai fait attendre; je lisais mon bréviaire. Je vous remercie d'avoir pris la peine de venir. Car certainement cela ne me sera pas inutile à la cour; je l'espère du moins. Mon cher oncle, soyez le bienvenu à toute heure! En attendant, que le blâme retombe sur ceux qui vous ont commandé ce voyage; car il est long et périlleux! O ciel! comme vous êtes échauffé! vos poils sont couverts de sueur et vous respirez à peine. Est-ce que le roi n'avait pas d'autre messager que le plus noble de ses seigneurs, celui dont il fait le plus de cas? Mais il devait sans doute en être ainsi pour mon plus grand bien; je vous en prie, protégez-moi à la cour, où l'on m'a tant calomnié. Mon intention était de m'y rendre librement demain, malgré le mauvais état de ma santé, et c'est encore mon projet; seulement, aujourd'hui je suis trop faible pour me mettre en voyage. J'ai eu le malheur de trop manger d'un aliment qui ne me convient guère, car il me donne de terribles coliques.

— Qu'est-ce donc? » lui demanda Brun.

L'autre reprit :

« A quoi bon vous le raconter? La vie n'est pas facile ici; mais je prends mon mal en patience; ce n'est pas tous les jours fête! et, quand il n'y a rien de mieux pour moi et les miens, ma foi, nous mangeons des rayons de miel, il y en a toujours tant qu'on en veut. Mais je n'en mange que par nécessité; me voilà maintenant tout enflé, et ce n'est pas étonnant! j'ai avalé cette drogue-là à contre-cœur. Si je puis jamais m'en passer, du diable si j'en mange encore!

— Eh! qu'ai-je entendu, mon neveu? reprit l'ours; faites-vous donc ainsi fi du miel que tant d'autres recherchent? Le miel, faut-il vous le dire, est le meilleur des aliments, du moins pour moi. Vous n'avez qu'à m'en donner, vous ne vous en repentirez pas! je serai encore plus à votre service.

— Vous plaisantez, dit l'autre.

— Non, vraiment, répond l'ours, je parle très-sérieusement.

— S'il en est ainsi, reprend le renard, il m'est facile de vous être agréable; car le paysan Rustevyl demeure au bas de la montagne, c'est chez lui qu'il y a du miel! Certes, vous et toute votre famille n'en avez jamais vu autant à la fois. »

Brun se sentait dévoré d'une ardente convoitise pour ce mets chéri.

« Oh! conduisez-moi bien vite là, mon cher neveu! s'écria-t-il, je ne l'oublierai jamais. Procurez-moi du miel, quand même je n'en mangerais pas tout mon soûl.

3

— Allons, dit le renard, ce n'est pas le miel qui manquera. J'ai peine à marcher aujourd'hui, il est vrai; mais l'amour que j'ai toujours eu pour vous m'adoucira le chemin. Car je ne connais personne de tous mes parents pour qui j'aie eu de tout temps autant de vénération! Mais venez! En revanche, vous m'aiderez à la cour à confondre mes puissants ennemis et mes accusateurs. Pour aujourd'hui, je m'en vais vous rassasier de miel autant que vous en pourrez porter. »

Le rusé coquin faisait allusion aux coups que l'ours allait recevoir des paysans furieux.

Reineke prit les devants, et Brun suivit aveuglément.

« Si je réussis, pensait le renard, je te verrai mener aujourd'hui même à la foire, où tu mangeras un miel un peu amer. »

Ils arrivèrent à la cour de Rustevyl; l'ours se réjouit, mais bien à tort, comme tous les fous qui se laissent duper par l'espérance.

Le soir était arrivé, et Reineke savait qu'ordinairement à cette heure Rustevyl était couché dans sa chambre; il était charpentier de son état et fort habile homme. Il y avait dans sa cour un tronc de chêne étendu par terre; pour le fendre, il avait déjà fait entrer deux coins solides dans le bois, et l'arbre entamé bâillait à une de ses extrémités presque la longueur d'une aune. Reineke l'avait bien remarqué; il dit à l'ours :

« Mon oncle, il y a dans cet arbre bien plus de miel que vous ne supposez; fourrez-y votre museau aussi profondément que vous le pourrez. Je vous conseille seulement de ne pas y mettre trop de voracité, vous pourriez vous en trouver mal.

— Croyez-vous, dit l'ours, que je sois un glouton? Fi donc! il faut de la modération en toute chose. »

C'est ainsi que l'ours se laissa enjôler; il fourra dans la fente sa tête jusqu'aux oreilles et même les pattes de devant.

Reineke se mit aussitôt à l'œuvre, et, à force de tirer et de pousser, il fit sortir les coins, et voilà Brun pris, la tête et les pieds comme dans un étau, malgré ses cris et ses prières. Quelles que fussent sa force et sa hardiesse, Brun fut à une rude épreuve, et c'est ainsi que le neveu emprisonna son oncle par ses ruses. L'ours hurlait, beuglait, et avec ses pattes de derrière grattait la terre en fureur et fit en somme un tel tapage, que Rustevyl se releva. Le maître charpentier prit sa hache à tout hasard, afin d'être armé dans le cas où l'on chercherait à lui nuire.

Cependant Brun se trouvait dans de terribles angoisses; le chêne l'étreignait plus fortement. Il avait beau s'agiter en hurlant de douleur, il n'y gagnait rien; il croyait n'en sortir jamais; c'est ce que pensait aussi Reineke, et il s'en réjouissait. Lorsqu'il vit de loin s'avancer Rustevyl, il se mit à crier.

Brun se trouvait dans de terribles angoisses.

« Brun, comment cela va-t-il? Modérez-vous à l'endroit du miel; dites-moi, le trouvez-vous bon? Voilà Rustevyl qui arrive et qui va vous offrir l'hospitalité; vous venez de dîner, il vous apporte le dessert : bon appétit ! »

Et Reineke s'en retourna à son château de Malpertuis. Lorsque Rustevyl arriva et vit l'ours, il courut bien vite appeler les paysans qui étaient encore réunis au cabaret.

« Venez! leur cria-t-il; il y a un ours de pris dans ma cour, c'est la pure vérité! »

Ils suivirent en courant; chacun fit diligence autant qu'il put. L'un prit une fourche, l'autre un râteau, le troisième une broche, le quatrième une pioche, et le cinquième était armé d'un pieu. Jusqu'au curé et au sacristain qui arrivèrent avec leur batterie de cuisine. La cuisinière du curé (elle s'appelait madame Yutt et savait préparer le gruau mieux que personne) ne resta pas en arrière; elle vint avec sa quenouille pour faire un mauvais parti au malheureux ours. Brun entendait, dans une détresse affreuse, le bruit croissant de ses ennemis qui approchaient. D'un effort désespéré, il arracha sa tête de la fonte; mais il y laissa sa peau et ses poils jusqu'aux oreilles. Non, jamais on n'a vu un animal plus à plaindre! le sang lui jaillit des oreilles. A quoi cela lui sert-il d'avoir délivré sa tête? ses pattes restent encore dans l'arbre; il les arrache vivement d'une secousse; il tombe sans connaissance : les griffes et la peau des pattes étaient restées dans l'étau de chêne. Hélas! cela ne ressemblait guère au doux miel dont Reineke lui avait donné l'espoir; le voyage ne lui avait guère réussi; c'était une triste expédition! Pour comble de malheur, sa barbe et ses pieds sont couverts de sang; il ne peut ni marcher, ni courir; et Rustevyl approche! Tous ceux qui sont venus avec lui tombent sur l'ours; ils ne songent qu'à le tuer. Le curé le frappe de loin avec un bâton très-long. La pauvre bête a beau se retourner à droite ou à gauche, ses ennemis le pressent, les uns avec des épieux, les autres avec des haches; le forgeron a apporté des marteaux et des tenailles; d'autres viennent avec des bêches et des hoyaux; ils frappent, ils crient, ils frappent jusqu'à ce que l'ours roule de frayeur et de détresse dans sa propre ordure. Ils tombèrent tous dessus; nul ne resta en arrière. Le bancal Schloppe et Ludolf le camard furent les plus enragés; Gérold maniait le fléau avec ses doigts crochus; à ses côtés se tenait le gros Kuckelrei. Ce furent les deux qui frappèrent le plus. Abel Quack et madame Yutt aussi s'en donnèrent à cœur joie; Talké frappa l'ours avec sa botte. Il n'y eut pas que ceux que nous venons de nommer; car hommes et femmes, tous y coururent : chacun en voulait à la vie de Brun. Kuckelrei poussait les plus hauts cris, il faisait l'important; car madame Villigétrude, qui demeure près de la porte, était sa mère (on le savait); quant à son père, il était inconnu. Pourtant les paysans croyaient que ce pouvait bien être Sander le Noir, le moissonneur, un fier compagnon (quand il était seul). Il y eut aussi maintes pierres jetées qui assailliront de tous côtés l'infortuné Brun. Enfin, le frère de Rustevyl s'avança et assena sur la tête de l'ours un si bon coup de bâton, qu'il en fut tout étourdi; pourtant, la violence du coup le fit lever. Éperdu, il se précipita au milieu des femmes, qui se culbutèrent l'une sur l'autre en criant. Quelques-unes même tombèrent dans la rivière : l'eau était profonde. Le curé se mit à crier :

« Regardez! voilà madame Yutt la cuisinière qui disparaît là-bas avec sa pelisse, et sa quenouille est ici! Au secours, mes braves gens! je promets deux tonneaux de vin et indulgence plénière pour récompense à qui la sauvera. »

Tous, croyant l'ours mort, se précipitèrent dans l'eau pour sauver les femmes; on en retira cinq au bord. Voyant ses ennemis ainsi occupés, Brun se glissa en rampant dans l'eau; ses atroces douleurs le faisaient hurler; il aimait mieux se noyer que d'être assommé de coups si ignominieux. Il n'avait jamais essayé de nager et il espérait en finir du coup avec la vie. Contre son attente, il se sentit nager et porter sans encombre par le courant. Tous les paysans le virent et s'écrièrent :

« Ce sera pour nous une honte éternelle! »

Ils étaient désolés et ils s'en prirent aux femmes :

« Que ne restiez-vous à la maison? Regardez, il nage, il s'en va. »

Ils revinrent dans la cour pour revoir le tronc de chêne, et ils y trouvèrent encore la peau et les poils de la tête et des pieds; ils en rirent en disant :

« Tu reviendras une autre fois, nous avons tes oreilles en gage! »

C'est ainsi qu'ils se moquaient de l'ours après lui avoir fait tant de mal, mais il était bien heureux d'en être quitte ainsi. Il maudissait les paysans qui l'avaient battu, se plaignait de la douleur qu'il ressentait aux pieds et aux oreilles; il maudissait Reineke, qui l'avait trahi. C'est dans ces pieuses pensées qu'il nageait, et la rivière, qui était rapide et grande, le porta en peu de temps près d'une lieue plus loin; là, il aborda et se mit à gémir.

« Le soleil a-t-il jamais vu animal plus en détresse? »

Et il ne croyait pas pouvoir passer la journée; il pensait mourir sur l'heure, et il s'écriait :

« O Reineke! traître, perfide, créature sans foi! »

Et il pensait aux coups des paysans, il pensait au tronc de chêne et il maudissait les ruses de Reineke.

Pour le renard, lorsqu'il eut ainsi conduit son oncle à la recherche du miel, il se mit à courir après des poulets dont il connaissait le gîte. Il en attrapa un et s'enfuit en traînant son butin au bord de la rivière. Il le dévora sans retard, se mit en quête d'autres aventures le long de la rivière, but une gorgée et se dit :

« Que je suis donc content d'être débarrassé de ce lourdaud de Brun ! Je parie que Rustevyl l'a régalé de coups de hache ! L'ours m'a toujours été hostile, je lui ai rendu la monnaie de sa pièce. Je l'ai toujours appelé mon cher oncle ; mais maintenant il est sans doute mort sur son chêne ; j'en rirai toute ma vie ! Désormais, il ne pourra pas se plaindre ni me nuire. »

Et, comme il marchait, il jette les yeux plus bas et aperçoit l'ours qui se roulait au bord de la rivière. Il fut tout contrit de le voir en vie.

« Ah ! Rustevyl, s'écria-t-il, misérable paresseux ! lourdaud de paysan ! c'est ainsi que tu dédaignes une proie aussi grasse et d'aussi bon goût, que plus d'un gourmand aurait payée bien cher et qu'on t'avait presque mise dans la main ! Pourtant l'honnête Brun t'a laissé un gage de sa reconnaissance pour ton hospitalité. »

Telles étaient ses pensées, lorsqu'il aperçut Brun triste, épuisé et sanglant. Enfin, il lui cria :

« Mon cher oncle, est-ce vous que je retrouve ? N'avez-vous rien oublié chez Rustevyl ? Dites-le-moi ; je lui ferai savoir où vous avez laissé ce qui vous manque. Sans doute vous lui avez volé bien du miel ; ou bien l'auriez-vous payé ? Comment cela s'est-il passé ? Eh ! seigneur, comme vous voilà arrangé ! cela vous donne bien triste mine ! Est-ce que le miel n'était pas bon ? Il y en a encore à vendre au même prix ! Mais dites-moi donc, mon oncle, à quel ordre religieux vous êtes-vous affilié puisque vous portez maintenant une calotte rouge sur la tête ? Êtes-vous donc devenu abbé ? Le barbier qui a rasé votre tonsure vous a un peu coupé les oreilles ; je le vois bien, vous avez perdu le toupet, la peau du visage et vos gants. Où diable les avez-vous laissés ? »

Telles étaient les railleries que Brun dut entendre coup sur coup, et la douleur le rendait muet ; il ne savait à quel saint se vouer. Pour ne pas en entendre davantage, il se traîna jusque dans l'eau et se laissa emporter par le courant jusque sur l'autre rive. Là, il s'étendit malade et désespéré ; et, se plaignant tout haut, il se disait :

« Que ne suis-je mort? Je ne puis pas marcher et il me faut retourner à la cour, et me voilà retenu ici de la façon la plus ignominieuse par la perfidie de Reineke. Si je m'en tire jamais la vie sauve, je l'en ferai certainement repentir. »

Pourtant il se releva, se traîna avec d'atroces douleurs pendant quatre jours et arriva enfin à la cour.

Lorsque le roi aperçut l'ours en si piteux état :

« Grand Dieu! s'écria-t-il, est-ce Brun que je vois? Qui l'a maltraité ainsi? »

Et Brun répondit :

« Ce que vous voyez est lamentable, en effet; voilà dans quel état m'a mis l'infâme trahison de Reineke! »

Alors le roi, tout en colère, dit :

« Je tirerai une vengeance impitoyable de cet attentat. Un seigneur comme Brun serait ainsi joué par Reineke? Oui, je le jure par mon honneur et par ma couronne, Reineke sera puni comme Brun a le droit de l'exiger. Si je ne tiens pas ma parole, je ne porte plus d'épée, j'en fais le serment! »

Le roi ordonne au conseil de se rassembler; il eut à discuter et à fixer sur-le-champ le châtiment de tant de crimes. Tous furent d'avis, en tant qu'il plairait au roi, qu'il fallait encore enjoindre à Reineke de comparaître pour se défendre contre ses accusateurs et que Hinzé le chat porterait sur-le-champ ce message à Reineke, à cause de sa souplesse et de sa prudence. Tel fut l'avis général.

Et le roi, entouré de ses pairs, dit à Hinzé :

« Fais bien attention à l'avis de ces seigneurs! Si Reineke se fait citer une troisième fois, lui et toute sa race s'en repentiront éternellement; s'il est sage, qu'il vienne à temps! Pénètre-le bien de cette idée; il méprisait tout autre messager; mais de toi il acceptera ce conseil. »

Hinzé répliqua :

« Que cela tourne en bien ou en mal, une fois que je serai arrivé près de lui, comment dois-je m'y prendre? Ma foi, vous ferez ce que vous voudrez, mais je crois qu'il vaudrait mieux envoyer tout autre à ma place; je suis si petit! Brun l'ours, qui est si grand et si fort, n'a pas pu en venir à bout. Comment m'en tirerai-je? Oh! veuillez m'excuser.

— Tu ne me persuades pas, répliqua le roi. Les petits hommes ont une ruse et une sagesse qu'on ne trouve souvent pas dans les plus grands. Si tu n'es pas un géant par la taille, tu as, en revanche, de la prudence et de l'esprit. »

Le chat obéit en disant :

« Que votre volonté soit faite ! Le voyage réussira si je vois un présage à main droite sur ma route. »

TROISIEME CHANT

Reineke accueille le chat avec de grandes démonstrations d'amitié, et lui offre des souris pour souper. — En entrant dans la grange du curé, pour chasser les souris, le chat a le cou pris dans un lacet. — Reineke va rendre visite à sa commère la louve, et lui joue un tour de sa façon. — Les cris de détresse du chat attirent tous les habitants de la cure, qui le rouent de coups; il s'échappe enfin en laissant un oeil à la bataille. — Le blaireau offre de porter au renard une troisième sommation. — Reineke consent à se rendre à la cour avec le blaireau. — En chemin il affecte une grande terreur et, comme pour se préparer à la mort, fait sa confession générale. — Le blaireau lui impose une pénitence et lui donne l'absolution. — Peu après, le renard, rencontrant des poulets, sent s'évanouir ses bonnes résolutions.

Hinzé le chat avait déjà fait un bout de chemin, quand il aperçut de loin un merle :

« Noble oiseau, lui cria-t-il, je te salue. Oh! dirige tes ailes vers moi et viens voler à ma droite! »

L'oiseau vola et vint chanter sur un arbre à la gauche du chat. Hinzé en fut tout contrit; il y voyait un présage de malheur. Mais il se donna du courage comme on fait d'ordinaire. Il continua son chemin vers Malpertuis, où il trouva Reineke assis devant la maison; il le salua et lui dit :

« Que Dieu vous accorde une heureuse soirée! Le roi vous menace de la peine capitale si vous refusez de m'accompagner à la cour; de plus, il vous fait dire de répondre à vos accusateurs sous peine de voir toute votre famille en pâtir. »

Reineke lui dit :

« Soyez le bienvenu ici, mon très-cher neveu! Que le Seigneur vous
bénisse selon mes souhaits! »

Mais le traître n'en pensait pas un mot dans son cœur; il tramait
de nouvelles ruses et songeait à renvoyer encore ce messager honteuse-

Hinzé trouva Reineke assis devant la maison.

ment bafoué à la cour. Il appelait le chat toujours son neveu et lui
disait :

« Mon neveu, quelle nourriture préférez-vous? On dort mieux après
dîner. Je suis l'hôte aujourd'hui; demain matin, nous irons à la cour
tous les deux, cela s'arrange bien ainsi. Je ne connais aucun de mes
parents en qui j'aie plus de confiance que vous. Car ce glouton d'ours
est venu à moi avec un air plein de morgue; il est fort et irritable, et
pour beaucoup je n'aurais pas risqué le voyage avec lui. Mais maintenant, cela va sans dire, je suis heureux d'aller avec vous. Demain matin,
nous partirons de bonne heure; je crois que c'est ce qu'il y a de mieux
à faire. »

Hinzé repartit :

« Il vaudrait mieux partir tout de suite pendant que nous y sommes. La lune brille sur la bruyère et les chemins sont secs. »

Reineke dit :

« Il est dangereux de voyager de nuit. Il y a des gens qui vous saluent amicalement de jour, et, si l'on venait à les rencontrer dans les ténèbres, on s'en trouverait peut-être fort mal. »

Alors Hinzé répliqua :

« Mais apprenez-moi donc, mon oncle, ce que nous mangerons, si je reste ici. »

Reineke dit .

« Nous vivons pauvrement; mais, si vous restez, je vous offrirai des rayons de miel frais, je choisirai les plus dorés.

— Je n'en mange jamais, répliqua le chat en grognant. Si vous n'avez rien à la maison, donnez-moi une souris! avec cela je suis parfaitement traité et vous pouvez garder votre miel pour les autres.

— Aimez-vous donc tant les souris? dit Reineke. Si vous parlez sérieusement, je puis vous en procurer. Mon voisin le curé a dans sa cour une grange où il y a tant de souris, qu'on en remplirait des voitures; j'ai entendu le curé se plaindre d'en être ennuyé nuit et jour. »

Sans y songer, le chat s'écria :

« Faites-moi le plaisir de me conduire où il y a tant de souris; car je les préfère à tout le gibier du monde. »

Reineke dit :

« Eh bien, vraiment, vous allez faire un fameux souper! Maintenant que je sais votre goût, ne perdons pas un instant. »

Hinzé le crut et le suivit; ils arrivèrent à la grange du curé. La paroi était de torchis; la veille, Reineke y avait fait un trou, et avait pris, pendant le sommeil du curé, le plus beau de ses poulets. Martinet, le neveu chéri du bon prêtre, voulait en tirer vengeance; il avait adroitement préparé un nœud coulant devant l'ouverture. De cette façon il espérait se venger de la perte de son poulet sur le voleur, qui ne pouvait manquer de revenir. Reineke, qui s'était aperçu du manége, dit au chat :

« Mon cher neveu, entrez hardiment par cette ouverture; je monterai la garde au dehors, pendant que vous chasserez aux souris; dans l'obscurité, vous en prendrez par douzaines. Ah! écoutez comme elles sifflent gaiement! comme elles babillent! Quand vous en aurez assez, vous n'avez qu'à revenir; vous me trouverez là. Il ne faut pas nous

séparer ce soir; car, demain, nous partirons de bonne heure et nous
abrégerons le chemin par de joyeux propos.

— Croyez-vous, dit le chat, qu'on puisse entrer là en toute sûreté?
car parfois les prêtres ont de la malice en tête. »

Alors le rusé renard répliqua :

« Qui peut le savoir? Avez-vous peur? Alors nous nous en retourne-
rons; ma femme vous recevra honorablement, elle vous fera un dîner
agréable, et, si ce ne sont pas des souris, nous ne le mangerons pas
moins de bon cœur. »

A ces mots ironiques de Reineke, Hinzé le chat sauta dans le trou
et tomba dans le piége. Telle fut l'hospitalité que Reineke offrit à son
hôte.

Lorsque Hinzé se sentit la corde au cou, il tressaillit; la peur le
saisit; il se démena et bondit avec force : alors le nœud se rétrécit. Il
appela Reineke d'une voix lamentable; mais lui l'écoutait à l'autre côté
du trou et se réjouissait malignement; il lui glissa ces paroles dans
l'ouverture :

« Hinzé, comment trouvez-vous les souris? Elles sont engraissées,
je crois. Si Martinet savait seulement que vous mangez de ce gibier,
certainement il vous apporterait de la moutarde; c'est un enfant plein
d'attentions. Est-ce que l'on chante ainsi à la cour pendant le dîner? Je
n'aime pas cette musique. Si seulement Isengrin était dans ce trou pris
au piége comme vous, il me payerait tout le mal qu'il m'a fait ! »

Et Reineke s'en alla.

Mais il ne s'en alla pas pour se livrer à ses voleries ordinaires; pour
lui, l'adultère, le vol, le meurtre et la trahison n'étaient pas des péchés;
et il s'était mis en tête une autre aventure. Il voulait visiter la belle
Girmonde dans une double intention. D'abord il espérait apprendre
d'elle ce dont Isengrin l'accusait; puis le scélérat voulait renouveler ses
vieux péchés. Isengrin était parti pour la cour et il voulait en profiter ;
car, qui en doute? le faible de la louve pour l'infâme renard avait allumé
la colère du loup. Reineke entra dans l'appartement de la dame; elle
n'était pas à la maison.

« Bonjour, petits vauriens, » dit-il, ni plus ni moins, aux enfants
en les saluant. Et il s'en alla à ses affaires.

Lorsque dame Girmonde rentra le matin, elle dit :

« Est-ce que personne n'est venu me demander?

— Notre parrain Reineke vient de sortir à l'instant; il avait à vous

parler. Tous, tant que nous sommes ici, il nous a appelés petits vauriens.

— Il me le payera ! » s'écria Girmonde.

Et vite elle courut se venger de cette injure à l'instant même. Elle
savait où le trouver; elle l'atteignit et l'apostropha ainsi en colère :

« Qu'avez-vous dit? quelles sont ces paroles injurieuses que vous
avez adressées effrontément à mes enfants? Vous me les payerez! »

Telles furent ses paroles. Elle lui montre un visage enflammé de
colère, elle le prend par la barbe; il sent la vigueur de ses dents, se
sauve et cherche à lui échapper; elle s'élance rapidement sur ses pas.
Or, voici ce qui en advint. Il y avait dans le voisinage un château en
ruine : ils y entrèrent tous les deux en courant; le mur d'une des tours
était crevassé de vieillesse. Reineke s'y glissa, mais ce ne fut pas
sans peine, car la crevasse était étroite. La louve s'y précipita aussi la
tête la première; grande et forte comme elle était, elle entra, poussa,
tira, voulut poursuivre, s'enfonça toujours plus avant, si bien qu'à un
moment elle ne pouvait plus ni avancer ni reculer.

Quand la louve put se dégager de la crevasse, Reineke était déjà
bien loin et courait à ses affaires.

Mais retournons auprès de Hinzé. Le pauvre diable, quand il se
sentit pris, se mit à geindre à la façon des chats d'une manière lamentable. Martinet l'entendit et sauta hors du lit.

« Dieu soit loué, dit-il, j'ai dressé mon piége à temps; le voleur
est pris, je pense; il faut qu'il paye pour le poulet. »

Martinet, plein de joie, allume vite une chandelle (tout le monde
dormait à la maison), éveille son père, sa mère et tous les domestiques
en criant :

« Le renard est pris, son affaire est claire. »

Tous, grands et petits, arrivèrent; le curé lui-même se leva et s'en-
veloppa d'un manteau; la cuisinière le précédait avec deux lanternes; et
Martinet, qui était armé d'un bâton, se jeta sur le chat et le bâtonna
si bien qu'il lui creva un œil. Tous se ruèrent aussitôt sur lui; le curé,
armé d'une fourche, se précipita sur Hinzé, qu'il croyait le voleur.
Hinzé, pensant mourir, s'élança d'un bond désespéré entre les cuisses
du prêtre, mordit, égratigna, maltraita horriblement le pauvre curé, et
vengea ainsi cruellement la perte de son œil. Le curé jeta les hauts cris
et tomba à terre sans connaissance. La cuisinière, sans y songer, se
désolait, en disant que c'était pour lui jouer un tour à elle-même que le

diablo avait mis le curé dans cet état. Elle jura deux ou trois fois qu'elle
eût mieux aimé perdre tout son petit bien, plutôt que de voir un pareil
malheur à son maître.

« Oui, disait-elle avec force serments, j'aurais mieux aimé perdre
tout un trésor, si je l'avais eu, et je l'aurais perdu sans regrets. »

C'est ainsi qu'elle déplore le malheur de son maître et ses graves
blessures. Enfin, ils le portent en gémissant sur son lit, laissant Hinzé
avec sa corde au cou, car ils l'avaient oublié.

Lorsque le chat, dans sa détresse, se vit tout seul, roué de coups,
grièvement blessé et si près de la mort, l'amour de la vie l'emporta ; il
se jeta sur la corde et se mit à la ronger.

« Pourrai-je m'en tirer jamais ? » se disait-il.

Et il réussit à couper la corde. Jugez de son bonheur ! Il se hâta de
fuir la place où il avait tant souffert. Il se précipita hors du trou et se
dirigea rapidement vers la cour du roi, où il arriva de grand matin. Il
se faisait d'amers reproches.

« C'est donc ainsi que le diable s'est joué de toi par la ruse du
perfide Reineke! il faut donc que tu reviennes ainsi couvert de honte,
borgne et roué de coups! Tu devrais te cacher! » . .

La colère du roi fut terrible. Il jura de faire périr ce traître de Reineke sans miséricorde. Il fit convoquer son conseil ; ses barons, ses
ministres se rendirent auprès de lui ; et il leur demanda comment il fallait s'y prendre pour réduire enfin le rebelle couvert de tant de crimes.
Comme les accusations pleuvaient de plus belle sur Reineke, Grimbert
le blaireau prit la parole :

« Il se peut qu'il y ait dans cette assemblée plusieurs seigneurs qui
aient à se plaindre de Reineke; mais il ne se trouvera personne qui
veuille oublier les priviléges de tout homme libre. Il faut le citer une
troisième fois. Alors, s'il ne vient pas, la loi pourra le frapper. »

Le roi répondit :

« Je crains bien de ne pas trouver de messager pour porter la troisième injonction à ce rusé coquin. Qui est-ce qui a un œil de trop? qui
est-ce qui est assez téméraire pour risquer sa vie auprès de cet archi-
traître et, en fin de compte, pour ne pas l'amener? Personne, du moins
je le suppose. »

Le blaireau répliqua à haute voix :

« Sire, si vous l'exigez, je me chargerai du message, quoi qu'il
arrive. Voulez-vous m'envoyer officiellement? ou bien dois-je partir

comme si je venais de mon propre mouvement? Vous n'avez qu'à ordonner. » Alors le roi le congédia en lui disant :

« Partez donc! vous avez entendu tous les griefs; mettez-vous à l'œuvre avec prudence; car vous avez affaire à un homme dangereux. »

Et Grimbert dit :

« Je veux pourtant l'essayer; j'espère réussir à vous le ramener. »

C'est ainsi qu'il partit pour le château de Malpertuis; il y trouva Reineke avec sa femme et ses enfants; et il lui dit :

« Mon oncle Reineke, je vous salue! Vous êtes un homme savant sugo, prudent; et nous sommes tous étonnés de vous voir mépriser, je dirai même bafouer l'injonction du roi. Ne vous semble-t-il pas qu'il est temps d'en finir? Les plaintes et les mauvais bruits ne font que grandir de tous côtés. Je vous le conseille, venez à la cour avec moi, sans plus de délais. Beaucoup, beaucoup d'accusations ont été portées devant le roi; aujourd'hui, l'on vous invite à paraître pour la troisième fois; si vous ne venez pas, vous serez condamné. Alors, le roi, à la tête de ses vassaux, viendra vous assiéger dans votre fort de Malpertuis; et vous périrez, corps et biens, vous, votre femme et vos enfants. Vous n'échapperez pas au roi; c'est pourquoi, faites ce qu'il y a de mieux à faire, venez avec moi à la cour! Vous ne manquerez pas de détours pleins de ruses; ils sont déjà prêts et vous vous sauverez; car déjà plus d'une fois, aux assises de la justice, vous avez eu à passer par des épreuves plus difficiles, et toujours vous vous en êtes tiré heureusement en confondant vos ennemis. »

Tel fut le discours de Grimbert, et telle fut la réponse de Reineke :

« Mon neveu, vous avez raison de me conseiller de me rendre à la cour pour me défendre moi-même. J'espère que le roi m'accordera ma grâce; il sait combien je lui suis utile, mais il sait aussi combien je suis détesté des autres par cela même. Sans moi, la cour ne peut pas exister. Et, quand j'aurais fait dix fois plus de mal, je sais très-bien qu'aussitôt que je puis regarder le roi entre les yeux et lui parler, toute sa colère s'évanouira. Car il y en a beaucoup qui accompagnent le roi et viennent s'asseoir dans son conseil, mais cela le touche médiocrement; à eux tous, ils ne font rien qui vaille; tandis que partout où je suis, à quelque cour que ce soit, c'est mon avis qui l'emporte; car, lorsque le roi et les seigneurs se rassemblent pour trouver un expédient habile dans les affaires épineuses, c'est toujours Reineke qui doit le trouver. C'est ce que beaucoup d'entre eux ne peuvent me pardonner; ce sont ceux-là

que j'ai à redouter : car ils ont juré ma mort, et justement les plus
acharnés sont à la cour maintenant. Il y en a plus de dix et des plus puissants. Comment pourrais-je leur résister, seul? Voilà la cause de mon
retard. N'importe! je trouve qu'il vaut mieux aller à la cour avec vous
pour me défendre : cela me fera plus d'honneur que de précipiter ma
femme et mes enfants dans un abîme de maux par tous ces délais; nous
serions tous perdus. Car le roi est trop puissant pour moi, et, quoi
qu'il arrive, il me faut obéir quand il l'ordonne... Peut-être pourrons-
nous essayer d'entrer en arrangement avec nos ennemis. »

Reineke ajouta ensuite :

« Dame Ermeline, prenez soin des enfants; je vous les recommande :
surtout le plus jeune, Reinhart; il a les dents si bien rangées dans sa
petite gueule! ce sera tout le portrait de son père, et Rossel, le petit
coquin que j'aime autant que l'autre. Oh! régalez bien les enfants pendant mon absence, je vous saurai gré à mon retour, s'il est heureux,
d'avoir suivi mes recommandations. »

C'est ainsi qu'il partit, accompagné de Grimbert, laissant dame
Ermeline avec ses deux fils sans autre adieu. Dame Renard en fut
affligée. Ils avaient déjà fait un bout de chemin, lorsque Reineke dit
à Grimbert :

« Mon très-cher neveu et très-digne ami, je dois vous avouer que
je tremble d'effroi! je ne puis me soustraire à l'horrible pensée que je
marche réellement à la mort! Je vois devant moi tous les péchés que
j'ai commis. Ah! vous ne sauriez croire toute l'inquiétude que j'en res-
sens. Confessez-moi, il n'y a pas d'autre prêtre dans le voisinage; quand
j'aurai soulagé mon cœur, je paraîtrai plus facilement devant mon roi. »

Grimbert dit :

« Renoncez d'abord au vol, au brigandage, à la trahison, à vos
ruses habituelles; sans cela la confession ne servira de rien.

— Je le sais, répliqua Reineke; maintenant, commençons et écoutez-moi avec recueillement. *Confiteor tibi, Pater et Mater*, que j'ai fait
bien des tours à la loutre, au chat et à maint autre; je le confesse et
j'en ferai pénitence.

— Parlez français, dit le blaireau, si vous voulez que je vous com-
prenne. »

Reineke dit :

« J'ai péché; comment pourrais-je le nier? contre toutes les bêtes
vivantes. Mon oncle l'ours, je l'ai pris dans un arbre: il y a laissé sa

peau ; il a été assommé de coups. Hinzé, je l'ai mené à la chasse aux
souris ; mais, pris au piége, il eut grandement à souffrir, et il y a perdu
un œil. Henning se plaint avec raison de ce que je lui ai volé ses enfants,
grands et petits, et que j'ai pris plaisir à les dévorer. Je n'ai pas même
épargné le roi, et j'ai eu l'audace de lui jouer plus d'un tour, à lui et à
la reine elle-même ; elle le découvrira plus tard. Je dois confesser, en
outre, que j'ai attenté à l'honneur d'Isengrin le loup ; je n'aurais jamais
le temps de tout dire. C'est ainsi que je l'ai toujours nommé mon oncle,
en badinant, et nous ne sommes nullement parents. Une fois, il y a de
cela bientôt six ans, il vint me voir au couvent d'Elkmar, où je demeu-
rais. Il venait me demander ma protection, car il songeait à se faire
moine. Il pensait que ce serait un bon métier pour lui. Il se mit à tirer
la cloche ; le carillon le ravit ; en conséquence, je lui liai les pattes de
devant avec la corde de la cloche ; il se laissa faire et, debout, il se mit
à tirer la corde avec bonheur : on eût dit un apprenti sonneur. Mais
cet art devait peu lui réussir ; il continua ainsi à sonner à tort et à travers. Les gens se précipitèrent de tous côtés vers le couvent, croyant
qu'un grand malheur était arrivé ; ils trouvèrent en arrivant le loup
dans sa posture, et avant qu'il eût pu leur expliquer qu'il voulait
embrasser l'état ecclésiastique, il fut presque assommé par la foule.
Cependant l'imbécile n'abandonna pas son projet. Il me pria de lui faire
une tonsure convenable ; et je lui brûlai si bien les poils sur la tête, que
toute la peau ne fut plus qu'une croûte. C'est ainsi que maintes fois je
l'ai exposé aux coups et aux bourrades avec force infamies. Je lui ai
appris à prendre des poissons ; mais la pêche lui a mal réussi. Une fois,
nous allâmes ensemble dans le pays de Liége ; nous nous glissâmes
dans la maison d'un prêtre, le plus riche de tout le pays. Le révérend
père avait un magasin de jambons délicieux, entremêlés de longues
bandes de lard appétissant ; de plus un quartier de viande salée tout
fraîchement se trouvait dans le garde-manger. Isengrin parvint à prati-
quer dans la muraille une ouverture assez large pour le laisser passer.
Je le poussai à tenter l'aventure, et sa convoitise le poussa encore plus.
Mais il ne sut pas se modérer dans le bonheur. Il se remplit démesuré-
ment, et son corps, tout gonflé de nourriture, ne pouvait plus passer
par le même trou. Ah ! comme il se plaignait de cette perfidie ! Le trou
l'a laissé passer affamé et l'arrête au retour quand il est rassasié. Moi,
sur ces entrefaites, je fis grand bruit dans le village, de manière à mettre
tout le monde sur la piste du loup. Car je courus à la maison du bon

5

prêtre; il était en train de dîner et l'on venait de lui servir un chapon
gras bien rôti; je sautai dessus et m'enfuis avec; le curé voulut courir
après moi en toute hâte, se démena et culbuta la table avec les mets et

les boissons. « Prenez-le, battez-le, percez-le, tuez-le ! » criait le prêtre
en fureur. Il tomba et rafraîchit sa colère sur le parquet inondé; car il
n'avait pas vu la flaque liquide où il gisait. Tout le monde arriva et
cria : « Tue! tue! » Je m'enfuis, ayant à mes trousses tous les gens de
la maison, qui voulaient me faire un mauvais parti. Celui qui criait le
plus, c'était le curé : « Quel fieffé voleur! il a osé me prendre un chapon sur ma table! » Et je courais toujours : j'arrivai au garde-manger;
là, je laissai tomber le chapon bien malgré moi, je le trouvais trop lourd
à la fin ; je m'échappai par le trou, et la foule de mes persécuteurs me
perdit de vue. Ils trouvèrent le chapon, et, en le ramassant, le révé-

rand père aperçut le loup et tout le monde aussi. Le révérend se mit à
crier de plus belle : « Ici, ici ! ne le manquez pas celui-là ! Voici un autre
voleur, un loup qui nous est tombé dans les mains ! S'il s'échappait, ce
serait une honte, on se moquerait de nous dans tout le pays de Liége. »
Quant au loup, il faisait ce qu'il pouvait. Les coups se mirent à grêler
sur lui et à le blesser grièvement. Tous criaient à qui mieux mieux. Les
autres paysans accoururent et le laissèrent pour mort sur la place. Il ne
se trouva jamais dans une pareille détresse. Si jamais on en fait le sujet
d'un tableau, il sera curieux de voir comment il paya le lard et les
jambons du curé. Ils le jetèrent sur la route, ils le traînèrent dans les
pierres et les broussailles; il ne donnait plus signe de vie. Comme il
s'était souillé dans sa détresse, on le jeta avec dégoût hors du village,
dans un fossé plein de boue; car on le croyait mort. Il resta sans connaissance, je ne sais combien de temps, avant de revenir à lui-même et
au sentiment de sa misère. Je n'ai jamais pu savoir comment il en était
réchappé. Après cette aventure (il y a de cela un an), il me jura fidélité
à toute épreuve; mais cela ne dura pas longtemps'. Car j'avais compris
facilement la cause de la persistance de son amitié : il aurait bien voulu
une bonne fois de la volaille tout son soûl. Pour le tromper de la bonne
façon, je lui fis la description d'une poutre sur laquelle un coq avec sept
poulets se perchaient ordinairement le soir. Je le conduisis dans cet
endroit, une belle nuit, en silence; minuit venait de sonner. Le volet de
la fenêtre, retenu par une petite cheville, était encore ouvert (je le savais
d'avance), je fis comme si je voulais entrer; mais je cédai le pas à mon
oncle : « Entrez, lui dis-je; si vous voulez travailler, vous ne manquerez
pas d'ouvrage; je parie que vous trouvez des poulardes. » Il se glissa
prudemment dans le poulailler et tâta doucement çà et là, et finit par me
dire en colère : « Oh! comme vous me guidez mal! je ne trouve pas
seulement une plume de poule. » Je répondis : « J'ai déjà pris les
poulets qui étaient devant; les autres sont perchés derrière. Allez toujours en avant, mais avec prudence. » La poutre sur laquelle nous mar-
chions était très-étroite. Pendant qu'il marchait toujours en avant, je
m'arrêtai, je repassai par la fenêtre et tirai la cheville; le volet se mit à
battre avec force; le loup, effrayé et tremblant, tomba lourdement de
la petite poutre sur le plancher. Les gens qui dormaient près du feu se
réveillèrent en sursaut. « Qui est-ce qui est entré par la fenêtre? »
s'écrièrent-ils tous. Ils se relevèrent bien vite, allumèrent une lampe et
découvrirent dans un coin messire le loup, à qui ils tannèrent fortement

la peau. Je suis bien étonné qu'il ait pu en réchapper. Pour continuer ma confession, je m'accuse d'avoir souvent visité dame Girmonde. J'aurais dû ne pas le faire. Plût à Dieu que cela ne fût jamais arrivé ! Car toute sa vie elle ne se lavera pas de cette tache. Voilà toute ma confes-

Je ne trouve pas seulement une plume de poule.

sion, tout ce que je peux me rappeler et qui pesait sur ma conscience. Donnez-moi l'absolution, je vous en prie; j'accomplirai humblement toute pénitence, si dure qu'elle soit, que vous m'imposerez. »

Grimbert savait ce qu'il avait à faire en pareille circonstance; il coupa une baguette sur le bord de la route et dit :

« Mon oncle, frappez-vous trois fois sur le dos avec cette baguette, puis placez-la par terre comme je vous le montrerai, et vous sauterez trois fois par-dessus : ensuite, baisez humblement la baguette et montrez-vous obéissant. Telle est la pénitence que je vous impose. Je vous absous de tous vos péchés, vous exempte de tout châtiment et vous pardonne tout au nom du Seigneur, quelque grands qu'aient été vos péchés. »

Lorsque Reineke eut accompli volontairement sa pénitence, Grimbert lui dit :

« Prouvez, par de bonnes œuvres, mon oncle, que vous vous êtes amendé; lisez les psaumes, fréquentez assidûment les églises et jeûnez les jours prescrits; montrez le chemin à qui vous le demande, aimez à faire l'aumône et promettez-moi de quitter votre mauvaise vie, de renoncer au vol, au brigandage, à la trahison et aux embûches. De cette façon, soyez-en sûr, vous rentrerez en grâce. »

Reineke dit :

« Je le ferai; je vous le jure! »

Et la confession fut finie.

Ils continuèrent leur voyage; le pieux Grimbert et son pénitent passèrent par une riche plaine, et aperçurent bientôt sur leur droite un couvent. Il appartenait à des nonnes qui servaient le Seigneur soir et matin, et nourrissaient dans leur cour force poules et poulets, avec maints beaux chapons, qui sortaient parfois pour chercher leur nourriture hors de l'enclos. Reineke avait l'habitude de les visiter. Il dit à Grimbert :

« Notre plus court chemin est de passer près du mur. »

Mais le rusé pensait aux poulets qui avaient pris la clef des champs. Il y conduit son confesseur et s'approche des poulets ; alors le drôle se mit à rouler des yeux pleins de convoitise ; par-dessus tout, un coq jeune et gras, qui marchait derrière les autres, lui donnait dans l'œil : il ne le perd pas de vue un instant, il bondit et le frappe par derrière. Les plumes volent déjà.

Mais Grimbert, indigné, lui reproche cette rechute honteuse :

« Est-ce ainsi que vous vous conduisez, malheureux oncle? Et voulez-vous retomber dans vos péchés pour un poulet, à peine au sortir de la confession? Voilà un beau repentir! »

Et Reineke dit :

« J'ai pourtant commis ce péché en pensée, ô mon cher neveu! Priez Dieu qu'il me le pardonne encore! Je ne le ferai plus jamais, et j'y renonce volontiers. »

Leur chemin les conduisait tout autour du couvent ; ils eurent à passer sur un petit pont, et Reineke se retournait pour regarder encore les poulets. C'est en vain qu'il se contraignait ; si on lui avait coupé la tête, elle aurait d'elle-même volé vers les poulets ; telle était la violence de ses désirs. Grimbert le vit et lui criait :

« Malheureux oncle, où égarez-vous vos yeux ? Vraiment, vous êtes un affreux glouton ! »

Reineke répondit :

« Vous avez tort, mon neveu ; ne vous pressez pas tant, et ne troublez pas mes prières. Laissez-moi dire un *Pater noster* pour l'âme des poulets et des oies que j'ai volés en si grand nombre à ces saintes femmes de nonnes ! »

Grimbert se tut, et Reineke le renard ne détourna pas les yeux des poulets aussi longtemps qu'il put les voir. Enfin, les deux voyageurs retombèrent sur la grande route et s'approchèrent de la cour. Mais, lorsque Reineke aperçut le donjon du roi, il tomba dans une profonde tristesse, car il était gravement inculpé.

QUATRIÈME CHANT

Le renard est prévenu du roi. — Il expose ses moyens de défense. — Les témoins accusateurs sont entendus. — Malgré ses prodiges d'éloquence, Reineke est condamné à mourir par la corde. — Le chat, l'ours et le loup se chargent de l'exécution, et conduisent le renard à la potence. — Ils insultent le patient, qui leur répond par des railleries. — Du haut de l'échelle, Reineke harangue les assistants. — Il annonce des révélations importantes. — Le roi ordonne de surseoir à l'exécution.

Lorsqu'on apprit à la cour l'arrivée de Reineke, petits et grands, tous accoururent pour le voir; bien peu étaient disposés en sa faveur; presque tous avaient à se plaindre. Mais Reineke n'eut pas l'air de s'en inquiéter beaucoup; du moins, il n'en laissa rien paraître au moment où, avec Grimbert le blaireau, il monta l'avenue du château, hardiment et avec aisance. Il fit son entrée fièrement et tranquillement, comme s'il eût été le fils du roi et à l'abri de toute accusation. Même quand il parut devant Noble, le roi, au milieu des seigneurs, il sut garder une attitude pleine de calme.

« Sire et très-gracieux seigneur, se mit-il à dire, vous êtes grand et noble, le premier en dignité et en honneur; je vous supplie d'entendre ma défense en ce jour. Jamais Votre Majesté n'a trouvé un plus fidèle serviteur que moi, je le soutiens hautement. C'est à cause de cela que j'ai tant d'ennemis à cette cour; je perdrais votre amitié, si mes persécuteurs pouvaient vous faire croire leurs mensonges comme ils le voudraient; mais heureusement vous pèserez les raisons des deux parties, vous entendrez la défense comme l'accusation; et, si derrière moi ils ont tramé maints mensonges, je reste calme et je me dis : Le roi connaît ma fidélité, c'est elle qui m'attire cette persécution.

.— Taisez-vous! répondit le roi, vos belles paroles et vos flatteries ne vous tireront pas d'affaire; votre crime est manifesto, et le châtiment vous réclame. Avez-vous observé la paix que j'ai proclamée parmi les animaux, et que vous aviez juré d'observer? Voilà le coq à qui, lâche voleur que vous êtes, vous avez enlevé tous ses enfants les uns après les autres. C'est ainsi que vous prouvez les sentiments que vous me portez, lorsque vous foulez aux pieds mon autorité et que vous faites souffrir mes serviteurs? Le pauvre Hinzé a perdu sa santé! Combien faudra-t-il de temps à Brun pour guérir ses blessures? Mais je vous épargne le reste, car les accusateurs sont ici en foule; beaucoup de faits sont prouvés, vous échapperez difficilement.

— Est-ce là tout mon crime, très-gracieux seigneur? dit Reineke. Est-ce ma faute si Brun revient à la cour la tête tout en sang ? Pour-quoi a-t-il voulu manger le miel de Rustevyl? Et, si ces lourdauds de paysans sont venus pour l'attaquer, n'est-il pas assez fort pour se défendre ?

« Ils l'ont couvert d'insultes et de coups; au lieu de se jeter à l'eau, n'aurait-il pas dû se venger comme un homme de cœur? Et Hinzé le chat, que j'ai reçu honorablement et traité suivant mes faibles moyens, pourquoi ne s'est-il pas abstenu, malgré tous mes conseils, de commettre un vol dans la maison du curé? S'il leur est arrivé malheur, ai-je mérité d'être puni, parce qu'ils ont agi comme des fous? En quoi cela touche-t-il votre couronne royale? Mais vous pouvez disposer de moi selon votre volonté, et, si claire que soit la chose, en décider selon votre bon plaisir, en bien ou en mal. A quelque sauce que vous me mettiez, que je sois aveuglé, pendu ou décapité, que votre volonté soit faite ; nous sommes tous en votre pouvoir, vous nous avez tous sous la main ; vous êtes fort et puissant; à quoi servirait au faible de se défendre ? Si vous voulez me tuer, ce vous sera un bien mince profit ; mais advienne que pourra, je suis à votre disposition. »

Le bélier Bellyn dit alors :

« Le moment est venu, commençons l'accusation. »

Isengrin arrive avec ses parents, Hinzé le chat, Brun l'ours et une foule d'animaux : l'âne Boldevyn et Lampe le lièvre , Vackerlos le

6

petit chien et Ryn le dogue, la chèvre Metké, Hermen le bouc et, de
plus, l'écureuil, la belette et l'hermine. Le bœuf et le cheval ne
manquaient pas non plus, et avec eux les bêtes sauvages comme le
cerf, le daim, le castor, la martre, le lapin et le sanglier; tous se
pressaient en foule; Barthold la cigogne, Marckart le geai et Lutké
la grue vinrent en volant : Tybké la cane, Alhéid l'oie et d'autres
apportèrent leurs griefs; Henning le malheureux coq, avec le reste de
ses enfants, se plaignit amèrement. Il vint enfin des myriades d'oiseaux
et des quadrupèdes en foule. Qui pourrait en dire le nombre?

Tous s'acharnèrent sur le renard en mettant ses méfaits au grand
jour. Ils espéraient voir enfin son châtiment; ils se pressaient en foule
devant le roi, en criant à qui mieux mieux, entassaient plaintes sur
plaintes et mettaient en avant toutes sortes d'histoires, vieilles et récentes.
Jamais à aucun jour de justice on n'avait vu tant de griefs s'amon-
celer devant le trône du roi. Reineke restait immobile et faisait face à
tout. A la fin, il prit la parole, et sa défense élégante et facile coula
de ses lèvres comme si c'eût été la pure vérité; il sut tout écarter et
tout arranger.

A l'entendre, on s'émerveillait, on le croyait innocent, il avait
même du droit de reste et beaucoup à se plaindre. Mais, en fin de
compte, des hommes d'honneur et sincères se levèrent contre Reineke,
témoignèrent contre lui, et tous ses crimes furent clairs. C'en était
fait! car le conseil du roi décida, à l'unanimité, que Reineke le renard
méritait la mort. Il fut donc condamné à être pris, lié et conduit par
le cou à la potence, afin d'y expier ses crimes par une mort infamante.

Maintenant Reineke lui-même regarda la partie comme perdue;
son éloquence ne lui avait servi de rien. Le roi proclama lui-même
le jugement. Lorsqu'on le saisit et qu'on l'entraîna, le criminel endurci
eut devant les yeux sa misérable fin. Pendant qu'on exécutait ainsi la
sentence qui frappait Reineke et que ses ennemis se dépêchaient de le
conduire à la mort, ses amis étaient plongés dans la douleur et la stupé-
faction. Le singe, le blaireau et maints autres de la parenté de Reineke
entendirent avec peine le jugement et en furent plus désolés qu'on ne
l'eût pu croire; car Reineke était un des premiers barons, et il était
maintenant dépossédé de tous ses honneurs, de toutes ses dignités, et
condamné à une mort infamante. Combien un pareil spectacle devait
révolter ses parents! Ils prirent tous congé du roi et quittèrent la cour
jusqu'au dernier. Le roi fut fâché de voir partir tant de seigneurs. On

vit alors combien Reineke avait de parents qui, mécontents de sa mort, se retirèrent de la cour. Et le roi dit à un de ses familiers :

« Certainement Reineke est un méchant homme ; mais on devrait considérer qu'il y a plusieurs de ses parents dont la cour ne peut pas se passer. »

Cependant Isengrin, Brun et Hinzé le chat étaient occupés autour du prisonnier. Ils voulaient se charger eux-mêmes d'infliger à leur ennemi le châtiment honteux que le roi avait ordonné ; ils le conduisirent rapidement hors du palais, et l'on voyait déjà la potence au loin.

Le chat, tout en colère, dit alors au loup :

« Rappelez-vous, seigneur Isengrin, comme jadis Reineke mit tout en action pour voir votre frère à la potence et comme sa haine a réussi ; avec quelle joie ne l'entraîna-t-il pas jusque-là ? Dépêchez-vous de payer cette dette. Et vous, seigneur Brun, songez qu'il vous a trahi d'une manière infâme ; que dans la cour de Rustevyl il vous a perfidement livré à la fureur de la canaille, aux coups, aux blessures et, de plus, à la honte ; car l'histoire en est connue partout. Faites attention et soutenez-vous ! S'il nous échappait aujourd'hui, si son esprit et ses ruses pouvaient le délivrer, jamais nous ne retrouverions le jour de la vengeance. Dépêchons-nous donc et faisons-lui expier tout le mal qu'il nous a fait. »

Isengrin dit :

« A quoi bon tant de paroles ? Donnez-moi vite une bonne corde ; nous ne le ferons pas languir. »

C'est ainsi qu'ils traitaient le renard en marchant. Reineke les écoutait en silence ; mais il leur dit à la fin :

« Puisque vous me haïssez si cruellement et ne songez qu'à vous venger par ma mort, sachez donc en finir. Combien vous m'étonnez ! Hinzé pourrait vous procurer une bonne corde. Car il en a tâté lorsqu'il courut après les souris dans la maison du curé ; il n'en sortit pas à son honneur. Mais vous, Isengrin et Brun, vous vous pressez bien de mettre votre oncle à mort ; vous croyez donc que vous y parviendrez ? »

Et le roi se leva, ainsi que tous les seigneurs de sa cour, pour assister à l'exécution ; la reine, accompagnée de ses dames d'honneur, se joignit à la procession ; derrière eux se précipitait la foule des pauvres et des riches ; tous désiraient la mort de Reineke et voulaient y assister. Pendant ce temps-là, Isengrin parlait à ses parents et à ses amis; il les exhortait à serrer les rangs et à veiller sans relâche sur le renard ; car il craignait toujours que le rusé prisonnier ne se sauvât. Le loup disait en particulier à sa femme :

« Sur ta vie ! ne le perds pas de vue; aide-nous à garder le scélérat! S'il s'échappait, nous serions tous couverts de honte. »

Il disait à Brun :

« Songez comme il vous a bafoué; c'est le moment de le payer avec usure. Hinzé grimpera au haut de la potence et y fixera la corde; vous le tiendrez; j'appliquerai l'échelle, et, dans quelques minutes, c'en sera fait de ce coquin! »

Brun repartit :

« Placez seulement l'échelle, je me charge de le tenir.

— Voyez donc, disait Reineke, comme vous êtes pressés de faire mourir votre oncle! Ne devriez-vous pas plutôt le protéger et le défendre, prendre pitié de lui lorsqu'il est dans le malheur? Je vous demanderais bien grâce; mais à quoi cela me servirait-il ? Isengrin me hait trop, puisqu'il ordonne à sa femme de me tenir et de m'empêcher de m'échapper. Si elle pensait au temps passé, elle ne songerait guère à me faire du mal. Mais, si mon heure est arrivée, je voudrais que tout fût bientôt fini. Mon père aussi eut de terribles moments à passer, mais cela ne dura pas longtemps; à sa mort, il n'était certes pas aussi entouré que moi ni accompagné de tant de monde. Mais, si vous vouliez prolonger mes jours, cela tournerait certainement à votre honte.

— Entendez-vous, disait l'ours, avec quelle morgue parle ce scélérat? Allons, marchons! sa fin est arrivée. »

Reineke se disait avec angoisse :

« Oh! si je pouvais, dans cette extrémité, inventer vite quelque stratagème heureux et nouveau pour que le roi me fît grâce de la vie et que mes ennemis, ces trois-là, fussent à jamais confondus! Songeons-y bien, et sauvons-nous à tout prix, car il s'agit de la potence ; le cas est pressant : comment en sortir ? Tous les maux tombent sur moi. Le roi est courroucé, mes amis sont loin et mes ennemis tout-puissants. Rarement j'ai fait le bien, j'ai vraiment tenu peu de compte du pouvoir du roi et de l'intelligence de ses conseillers; j'ai beaucoup péché, et cependant j'espère voir changer mon sort. Si je puis seulement parvenir à prendre la parole, à coup sûr ils ne me pendront pas ; je ne perds pas toute espérance. »

Du haut de l'échelle, il se tourna vers le peuple et s'écria :

« Je vois la mort devant mes yeux et je ne lui échapperai pas. Je vous prie seulement, vous tous qui m'écoutez, de m'accorder une petite

Si je pouvais, dans cette extrémité, inventer quelque stratagème.

grâce avant de quitter cette terre. J'aimerais à faire devant vous, en toute vérité et pour la dernière fois, l'aveu sincère de tout le mal que j'ai commis, afin que personne ne fût un jour puni de tel ou tel crime de mon fait resté inconnu; je parerai ainsi à plus d'un mal avant de mourir, et j'ose espérer que Dieu m'en tiendra compte dans sa miséricorde. »

Cette demande toucha beaucoup de monde; ils dirent entre eux :

« Il demande bien peu de chose, et ce ne sera qu'un bref délai. »

Sur leur prière, le roi le permit. Reineke se sentit le cœur un peu plus léger; il espéra une heureuse issue et, profitant sur-le-champ de la grâce qu'on lui accordait, il commença ainsi :

« *Spiritus Domini*, viens à mon secours! Je ne vois pas dans cette assemblée quelqu'un à qui je n'aie fait de mal. Je n'étais encore qu'un mince compagnon, j'étais à peine sevré, que, poussé par mes désirs, je me mêlais aux agneaux et aux chevrettes qui jouaient en plein air auprès des troupeaux; j'écoutais avec délices leurs voix bêlantes, et la chair fraîche me tentait. J'en goûtai bien vite. Je mordis jusqu'au sang un petit agneau; je léchai le sang, qui me parut délicieux, et je tuai, en outre, quatre des plus petites chèvres; je les mangeai et je continuai mes exploits; je n'épargnai aucun oiseau, ni les poulets, ni les canards, ni les oies; partout où j'en trouvais, je les dévorais, et maintes fois j'ai caché dans le sable ce que j'avais abattu et les morceaux qui ne me convenaient pas. Puis il m'advint de faire la connaissance d'Isengrin, un hiver, au bord du Rhin, où il était en embuscade derrière des arbres. Il m'assura d'abord que j'étais de sa race; il pouvait même me compter sur ses doigts les degrés de parenté. Je le laissai dire; nous fîmes alliance en nous promettant mutuellement de vivre en fidèles compagnons; hélas! je devais m'attirer par là plus d'un malheur. Nous rôdions ensemble dans le pays. Il faisait les gros vols et moi les petits. Notre gain devait être en commun; mais il ne l'était pas : il faisait le partage comme bon lui semblait; jamais je n'en reçus la moitié. Mais tout cela, ce n'est rien. Quand il avait volé un veau, un bélier, quand je le trouvais nageant dans l'abondance, qu'il était en train de dévorer une chèvre fraîchement tuée, ou qu'un mouton gigottait sous ses griffes, il se mettait à grogner à mon approche, il prenait une mine morose et me chassait en grondant; c'est ainsi qu'il me gardait ma part. Il en fut toujours ainsi, quelle que fût la dimension du butin. Lors même qu'il arrivait que nous eussions pris ensemble un bœuf ou une vache, aussitôt on voyait accourir sa femme et ses sept enfants, qui se jetaient sur notre prise et me tenaient éloigné du festin. Je ne pouvais pas attraper la moindre côtelette, à moins qu'elle ne fût rongée jusqu'à la moelle, et il fallait supporter tout cela; mais, Dieu soit loué, je ne souffrais pas de la faim; je me nourrissais en secret de mon immense trésor d'or et d'argent, que je garde mystérieusement dans un endroit sûr; il me suffit et au delà; on en chargerait sept voitures, qu'il m'en resterait encore. »

Le roi, tout attentif, lorsqu'il fut question du trésor, se pencha en avant et dit :

« D'où vous est-il venu? dites-le-moi ; je parle du trésor. »

Et Reineke dit :

« Je ne vous cacherai pas ce secret; à quoi cela me servirait-il? car je ne puis rien emporter de toutes ces choses précieuses. Mais, puisque vous l'ordonnez, je vais tout vous raconter; car il faut bien qu'on le sache une fois; et vraiment pour tout l'or du monde je ne voudrais pas garder plus longtemps ce grand secret. Apprenez-le donc, ce trésor a été volé. Une conjuration a été faite pour vous tuer, vous, sire! et, si à l'instant même le trésor n'avait pas été habilement enlevé, c'en était fait de vous. Faites-y bien attention, très-gracieux seigneur, de ce trésor dépendaient votre vie et votre postérité; et c'est son détournement qui a jeté mon propre père dans de si grands malheurs, qui l'a conduit prématurément au tombeau et peut-être à une éternité de souffrances; mais, sire, tout cela est arrivé pour votre salut ! »

Et la reine écoutait, toute consternée, ce discours plein d'horreur, ce mystère confus du meurtre de son époux, cette trahison, ce trésor, et tout ce qu'il avait dit.

« Songez-y bien, Reineke, s'écria-t-elle, je vous exhorte sérieusement; le grand pèlerinage est devant vous; soulagez votre âme par le repentir; dites toute la vérité et parlez clairement de ce meurtre. »

Et le roi ajouta :

« Que chacun fasse silence : que Reineke descende et vienne près de moi pour que je l'entende, car l'affaire me concerne personnellement. »

Reineke, en l'entendant, se sentit renaître à l'espérance; il descendit de l'échelle, au grand désappointement de ses ennemis; il s'approcha aussitôt du roi et de la reine, qui l'interrogèrent avidement sur les détails de cette histoire.

Alors il se prépara à de nouveaux et plus énormes mensonges.

« Si je pouvais regagner, se disait-il, les bonnes grâces du roi et de la reine, et si en même temps je pouvais réussir à perdre les ennemis qui m'ont mis si près de la mort, je serais sauvé. Sûrement, ce serait pour moi un avantage bien inattendu; mais, je le vois, il me faudra dire bien des mensonges et gros comme des montagnes. »

La reine impatiente continua à interroger Reineke :

« Apprenez-nous clairement comment la chose s'est passée! Dites la vérité, songez à votre conscience, délivrez votre âme! »

Reineke répondit :

« Je ne demande pas mieux que de tout dire. Je m'en vais mourir; c'est irrémissible; ce serait de la folie à moi de charger ma conscience à la fin de ma vie et de m'attirer un châtiment éternel. Il vaut mieux tout avouer, et, si par malheur il me faut accuser mes parents et mes amis les plus chers, hélas! que puis-je faire? L'enfer est là qui me menace. »

Le roi, durant cet entretien, était devenu tout inquiet; il dit à Reineke :

« Est-ce bien la vérité? »

Reineke lui répondit avec une attitude pleine de dissimulation :

« Certes, je suis un grand pécheur; mais je dis la vérité. A quoi cela me servirait-il de vous mentir? Je me damnerais pour l'éternité. Vous le savez bien, il en a été décidé ainsi, il faut que je meure, je vois la mort devant moi et je ne mentirai pas; car rien en ce monde, ni bien ni mal, ne peut venir à mon secours. »

Reineke prononça ce paroles en tremblant et parut désespéré.

Et la reine dit :

« Sa détresse me touche; je vous en prie, monseigneur, regardez-le avec miséricorde et songez que par cette confession nous évitons plus d'un malheur; écoutons, le plus tôt possible, le fond de cette histoire. Ordonnez le silence, et qu'il parle devant tous. »

Et le roi commanda le silence. Toute l'assemblée se tut, et Reineke prit la parole :

« Puisque vous le désirez, sire, prêtez l'oreille à ce que je vais dire. Quoique mon discours ne soit pas appuyé de lettres et de documents, il n'en sera pas moins fidèle et précis; je vais vous découvrir la conjuration et je compte bien n'épargner personne. »

CINQUIÈME CHANT

Le renard se livre à de prétendues révélations dans lesquelles il compromet son propre père, l'ours, le loup, le chat et le blaireau, comme coupables de haute trahison. — Il obtient sa grâce, en promettant au roi de lui abandonner un trésor considérable. — Il expose ensuite au roi qu'il ne peut l'accompagner à la recherche du trésor, obligé qu'il est de se rendre à Rome, pour faire lever l'excommunication dont il est frappé.

Écoutez maintenant la ruse du renard et le détour qu'il prit pour cacher ses méfaits et nuire à autrui. Il inventa un abîme de mensonges, insulta à la mémoire de son père, accusa par une atroce calomnie le blaireau, son ami le plus honnête, qui l'avait constamment servi; il se permit tout cela pour donner créance à son récit et se venger de ses accusateurs.

« Mon père, se mit-il à dire, avait été assez heureux pour découvrir dans le temps, par des moyens mystérieux, le trésor du roi Elmery le Puissant; mais cette trouvaille ne lui porta pas bonheur, car sa grande fortune lui fit perdre la tête; il ne vit plus aucun de ses pareils et se mit à mépriser ses compagnons : il chercha plus haut ses amis. Il envoya Hinzé le chat dans les Ardennes pour chercher Brun l'ours. Il était chargé de lui promettre fidélité, de l'inviter à venir en Flandre et à se faire proclamer roi. Lorsque Brun eut lu cette missive, il s'en réjouit de tout son cœur et, sans rien craindre, il se hâta de venir en Flandre; car il y avait longtemps qu'il avait pareille pensée en tête. Il y trouva mon père, qui le reçut avec joie et envoya chercher sur-le-

7

champ Isengrin et le sage Grimbert; et tous quatre se mirent à traiter
l'affaire; mais j'oublie qu'il y eut un cinquième : c'était Hinzé le chat.
Il y a tout près de là un petit village qui s'appelle Ifte, et ce fut justement
là, entre Ifte et Gand, qu'ils se réunirent. Une nuit longue et obscure

Il était chargé de lui promettre fidélité.

cacha l'assemblée; ils n'étaient pas avec Dieu! le diable et mon père
avec son or les possédaient. Ils résolurent la mort du roi; ils se jurèrent
entre eux une fidèle et éternelle alliance, et tous les cinq promirent également par serment, la main étendue sur la tête d'Isengrin, de choisir
pour roi Brun l'ours et de lui donner solennellement l'investiture à Aix-
la-Chapelle, avec la couronne d'or et le trône impérial. Si quelques
amis, quelques parents du roi voulaient s'y opposer, mon père était
chargé de les persuader, de les corrompre, et, s'il ne réussissait pas,
de les exiler aussitôt. Je vins à connaître ce secret; voici comment :

Grimbert s'était grisé un beau matin et s'était mis à bavarder; l'imbécile raconta toute la scène à sa femme en lui recommandant le silence;
il croyait que cela suffisait. Celle-ci rencontra ma femme, qui dut jurer
solennellement par le nom des rois mages, et s'engagea sur l'honneur,
coûte que coûte, à n'en pas souffler un mot, et alors elle lui découvrit
tout. Ma femme ne tint pas mieux sa parole; car à peine m'eut-elle
trouvé, qu'elle me raconta ce qu'elle venait d'entendre et me donna un
moyen sûr de reconnaître la vérité de l'histoire; mais je n'en étais pas
plus à mon aise pour autant. Je me rappelais les grenouilles dont le
croassement était enfin monté jusqu'aux oreilles de Dieu. Elles récla-
maient un roi et voulaient vivre sous son autorité après avoir joui de la
liberté. Dieu les exauça : il leur envoya la cigogne, qui les poursuit
constamment, les déteste et ne leur laisse pas de paix. Elle les traite
sans merci; les insensées se plaignent maintenant. Mais il est trop tard;
car le roi les met à la raison. »

Reineke parlait à haute voix à toute l'assemblée; tous les animaux
l'entendaient, et il continua ainsi son discours :

« Voilà ce que je craignais pour nous tous; et il en eût été ainsi.
Sire, je craignais pour vous, et j'en espérais une meilleure récompense.
Je connais les menées de Brun, sa nature artificieuse et plusieurs de ses
crimes; je craignais le pire. S'il devenait le maître, nous aurions tous
péri. Notre roi est de race noble, il est puissant et miséricordieux, me
disais-je à part moi; ce serait un triste échange que d'élever sur le
trône un ours et un lourdaud de vaurien. Pendant quelques semaines,
je méditai là-dessus et cherchai les moyens d'arrêter leurs projets. Avant
tout, je comprenais bien que tant que mon père posséderait son trésor
il gagnerait des adhérents, il réussirait à coup sûr et que nous perdrions
le roi. Je concentrai toute mon attention sur les moyens de découvrir le
lieu où se trouvait le trésor pour l'enlever secrètement. Mon père allait-
il en campagne, le vieux rusé allait-il au bois de jour ou de nuit, par
le froid ou par le chaud, par la pluie ou le temps sec, j'étais aussitôt
derrière lui et j'épiais ses démarches. Un jour, j'étais caché dans une
tanière, plein de tristesse et pensant toujours à découvrir le trésor dont
je connaissais toute l'importance, quand tout à coup je vis mon père
sortir d'une crevasse et glisser entre les parois du rocher comme s'il
venait d'un trou profond. Je restai coi et caché où j'étais; il se crut
seul, regarda de tous côtés, et, ne voyant personne, de près ou de loin,
il se livra à la manœuvre que je vais vous dire. Il se mit à boucher le

trou avec du sable et sut très-adroitement le rendre semblable au reste
du terrain. Impossible de le reconnaître à moins de l'avoir vu comme
moi. Avant de partir, il balaya très-adroitement avec sa queue l'endroit
où il avait posé ses pattes et effaça la piste avec son museau. Voilà ce
que j'appris ce jour-là de mon père, qui était expert en fait de ruses,
d'intrigues et de tours. Il partit et s'en alla à ses affaires. Je me deman-

dai si le trésor n'était pas là. Je me mis vite à l'œuvre; en peu de
temps, j'eus découvert la crevasse avec mes pattes. J'y entrai avidement. Là, je trouvai de l'or, de l'argent et mille autres choses précieuses en quantité. En vérité, même les plus âgés d'entre vous n'ont
jamais rien vu de pareil. Je me mis à l'ouvrage avec ma femme; nuit
et jour, nous fûmes occupés à porter et à traîner; brouettes et voitures
nous manquaient; nous eûmes mille peines et mille fatigues : ma femme
Ermeline les supporta courageusement. C'est ainsi que nous avons enfin
transporté les joyaux dans une place qui nous parut plus convenable.
Cependant mon père se réunissait chaque jour avec ceux qui trahissaient

le roi. Je vous apprendrai ce qu'ils avaient résolu et vous en frémirez. Brun et Isengrin avaient envoyé tout d'abord des lettres franches dans plusieurs provinces pour recruter des mercenaires : ils devaient arriver en grand nombre sans retard, Brun devait les prendre à son service et même promettait gracieusement de leur payer la solde d'avance. Mon père parcourait la contrée en montrant des lettres de change probablement tirées sur son trésor, qu'il croyait toujours en sûreté, mais c'en était fait : il aurait eu beau se livrer à toutes les recherches avec ses complices, il n'aurait pas trouvé un liard. Il n'épargna aucune fatigue; c'est ainsi qu'il parcourut tous les pays entre l'Elbe et le Rhin et avait racolé maints mercenaires. L'argent devait donner force poids à ses belles paroles. L'été arriva; mon père revint auprès des conjurés. Il leur raconta toutes ses peines, tous ses périls et surtout la détresse où il se trouva en Saxe devant les châteaux forts où il manqua perdre la vie; car là, tous les jours, il fut poursuivi par des chasseurs à cheval et des meutes; si bien qu'il eut toutes les peines du monde à s'en tirer sain et sauf. Ensuite, il montra aux quatre perfides conjurés la liste des compagnons qu'il avait gagnés par ses promesses et par son or. La nouvelle réjouit Brun. Tous les cinq se mirent à parcourir la liste ensemble; il y était dit : « Douze cents parents d'Isengrin, tous gens « sans peur, viendront la gueule ouverte et les dents aiguisées; de plus, « les chats et les ours sont tous dévoués à Brun; tous les blaireaux de la « Saxe et de la Thuringe se présenteront, mais à condition de toucher un « mois de solde d'avance; en revanche, ils s'engagent à être prêts en « masse à la première réquisition. » Dieu soit loué de m'avoir permis de déjouer leurs plans! car, lorsque tout fut arrangé, mon père se hâta de les quitter pour aller voir son trésor. Son chagrin allait commencer. Il fouilla et chercha; mais il eut beau fouiller et chercher, il ne trouva plus rien. Sa peine fut inutile et son désespoir aussi; car le trésor était loin et il ne put le découvrir nulle part. Alors (comme ce souvenir me torture nuit et jour!) mon père se pendit de douleur et de honte. Voilà tout ce que j'ai fait pour arrêter la conjuration. J'en suis puni maintenant; pourtant je ne m'en repens pas. Mais Isengrin et Brun, ces deux insatiables, siégent dans le conseil à la droite du roi. Et toi, Reineke, quelle est maintenant ta récompense, pauvre malheureux, pour avoir abandonné ton propre père, afin de sauver le roi? Où en trouverez-vous d'autres qui se perdent eux-mêmes pour prolonger vos jours? »

Le roi et la reine avaient tous deux la plus grande envie de possédor le trésor; ils firent quelques pas à l'écart, appelèrent Reineke, pour lui parler en particulier, et lui dirent vivement :

« Parlez, où est le trésor? Nous voudrions le savoir.. »

Reineke leur répondit :

« A quoi cela me servirait-il de montrer toutes ces richesses au roi qui vient de me condamner? Il en croit plutôt mes ennemis, des voleurs et des assassins, qui veulent m'ôter la vie à force de mensonges.

— Non, repartit la reine, non, il n'en sera pas ainsi; monseigneur vous laissera vivre; il oubliera le passé, il domptera sa colère. Mais, à l'avenir, soyez plus sage et restez fidèle et dévoué au roi. »

Reineke dit :

« Madame, obtenez du roi qu'il me promette devant vous qu'il me fera grâce, qu'il oubliera entièrement toutes mes fautes, tous mes crimes, et tout l'ennui que je lui ai malheureusement causé, et certainement il n'y aura pas un souverain qui possédera de nos jours une richesse égale à celle que lui procurera ma fidélité; le trésor est immense; je vous montrerai la place : vous serez stupéfaits.

— Ne le croyez pas, répliqua le roi; mais, lorsqu'il parle de vols, de brigandages et de mensonges, vous pouvez y ajouter foi sans crainte; car vraiment il n'y a jamais eu de plus grand menteur. »

La reine dit :

« Il est vrai que jusqu'ici il a mérité peu de confiance; mais songez maintenant que, cette fois, il accuse son oncle le blaireau et son propre père et qu'il dévoile leurs forfaits. Il ne dépendait que de lui de les ménager et de mettre ses histoires sur le compte d'autres animaux; il ne mentirait pas si follement.

— Si vous pensez, répondit le roi, que cela vaudrait mieux et qu'il n'en résultera pas un plus grand mal, je ferai comme il vous plaît; je prendrai sur moi les crimes de Reineke et sa cause. Encore une fois, mais une dernière, je me fierai à lui! qu'il y songe bien, car, j'en jure par ma couronne, si jamais à l'avenir il se livre au mensonge et au crime, il s'en repentira éternellement. Tous ses parents, quels qu'ils soient, même au dixième degré, payeront pour lui. Nul ne m'échappera, et ils périront tous dans les procès, la honte et la misère! »

Lorsque Reineke vit comment les pensées du roi prenaient un autre cours, il reprit courage et dit :

« Serais-je donc assez fou, sire, pour vous raconter des histoires dont la vérité ne serait pas démontrée dans quelques jours? »

Et le roi crut à ses paroles et lui pardonna tout, la trahison de son père, puis ses propres méfaits. La joie de Reineke fut immense : il échappait à temps à la fureur de ses ennemis et à la mort.

« Noble roi, très-gracieux seigneur! dit-il, puisse Dieu vous rendre, à vous et à votre épouse, tout ce que vous avez fait pour votre serviteur indigne ; je ne l'oublierai jamais et je vous en garderai une reconnaissance éternelle. Certes, il n'y a nulle part sous le soleil quelqu'un à qui j'aimerais mieux donner ce magnifique trésor qu'à vous deux. De quelles grâces ne m'avez-vous pas comblé! C'est pourquoi je vous donne bien volontiers le trésor du roi Eimery tel qu'il l'a possédé. Je vais vous dire maintenant où il est, et en toute vérité. Écoutez! Dans l'est des Flandres, il y a un désert au milieu duquel il y a un bouquet de bois, il s'appelle Husterlo, retenez bien le nom, puis il y a une fontaine qui s'appelle Krekelborn, vous comprenez, qui n'est pas loin du petit bois. Dans toute l'année, il ne passe pas un homme ni une femme dans ce pays-là ; il n'est hanté que par la chouette et le hibou. C'est là que j'ai enfoui le trésor. L'endroit s'appelle Krekelborn, remarquez-le bien! Allez-y vous-même avec votre épouse; personne ne serait assez sûr pour un tel message, et il y aurait trop à perdre; je ne vous le conseille pas. Allez-y vous-même. Vous passerez près de Krekelborn; vous apercevrez ensuite deux jeunes bouleaux, et, remarquez-le bien, l'un n'est pas loin de la source; dirigez-vous tout droit sur les bouleaux : le trésor est au pied. Grattez et creusez la terre; vous trouverez d'abord de la mousse entre les racines; vous découvrirez tout de suite les joyaux les plus riches, en or fin artistement travaillé; vous y trouverez aussi la couronne d'Eimery; si la volonté de l'ours s'était réalisée, c'est lui qui devait la porter. Vous verrez, en outre, mainte parure et maint joyau, chefs-d'œuvre d'orfévrerie; on n'en fait plus comme cela; qui voudrait les payer? Quand vous verrez, sire, toutes ces richesses sous vos yeux, oui, j'en suis sûr, vous m'honorerez dans votre souvenir. Reineke, vous direz-vous, honnête renard, toi qui as caché si sagement tant de trésors sous la mousse, puisses-tu être heureux partout et toujours! »

C'est ainsi que parla l'hypocrite.

Le roi repartit :

« Il faut que vous m'accompagniez; car comment trouverais-je l'endroit tout seul? J'ai bien entendu parler d'Aix-la-Chapelle, de Lubeck, de Cologne et de Paris; mais jamais de ma vie je n'ai entendu nommer Husterlo non plus que Krekelborn; ne dois-je pas craindre que tu ne

nous fassos de nouveaux mensonges et que tu n'inventes tous cos
noms? »

Reineke n'entendit pas avec plaisir ce soupçon de la bouche du roi;
il dit :

« Je ne vous envoie pas pourtant bien loin d'ici, comme s'il s'agissait d'aller sur les bords du Jourdain. Comment vous parais-je suspect
à présent? D'abord, je m'en tiens là, on peut tout trouver dans les
Flandres. Interrogeons quelques personnes; un autre me confirmera.
Krekelborn, Husterlo, ai-je dit, et les noms sont véritables. »

Là-dessus, il appelle Lampe, et Lampe arrive en tremblant. Reineke lui crie :

« N'ayez pas peur; le roi exige, par le serment de fidélité que vous
lui avez prêté dernièrement, que vous disiez toute la vérité; dites-nous,
si toutefois vous le savez, où se trouvent Husterlo et Krekelborn. Nous
écoutons. »

Lampe dit :

« Je puis vous le dire. C'est dans le désert. Krekelborn est tout près
d'Husterlo. Les gens appellent Husterlo ce petit bois où Simonet le ban-
croche s'était retiré pour y fabriquer de la fausse monnaie avec ses compagnons. J'y ai beaucoup souffert de la faim et du froid quand je m'y
réfugiai en grande détresse pour fuir le chien Ryn. »

Reineke dit :

« Vous pouvez maintenant retourner près des autres; le roi est suf-
fisamment instruit. »

Et le roi dit à Reineke :

« Pardonnez-moi si j'ai été un peu vif et si j'ai douté de votre
parole; mais songez maintenant à me mener à cet endroit. »

Reineke dit :

« Combien je m'estimerais heureux, s'il m'était permis aujourd'hui
de partir avec le roi et de le suivre dans les Flandres! mais on vous
l'imputerait à péché. Quelle que soit ma honte, je dois faire un aveu que
j'aurais voulu taire encore plus longtemps. Il y a quelque temps
que Isengrin fit ses vœux dans un couvent; à la vérité, ce n'était pas
pour l'amour de Dieu, mais bien pour l'amour de son estomac : il
dévorait presque tout le couvent! On lui donnait à manger pour six;
tout cela était trop peu pour lui; il se plaignit à moi de sa faim et de
ses ennemis; enfin, j'en pris pitié quand je le vis maigre et malade;
c'est mon proche parent. Je l'aidai à prendre la clef des champs. Voilà

comment j'ai encouru l'excommunication du pape. Je voudrais donc
sans retard, avec votre consentement, veiller aux intérêts de mon âme
et, demain matin, au lever du soleil, partir en pèlerin pour Rome afin

Là-dessus, il appelle Lampe, et Lampe arrive en tremblant.

d'y chercher l'absolution; de là, je passerai la mer. Ainsi tous mes
péchés seront lavés; et si je reviens au pays, je pourrai marcher à vos
côtés avec honneur. Mais, si je le faisais aujourd'hui, chacun se dirait :
« Comment le roi peut-il fréquenter encore Reineke, qu'il vient de con-
« damner à mort et qui, de plus, est frappé d'excommunication. » Sire,
vous le voyez bien, il ne faut plus y songer.

— C'est vrai, répliqua le roi. Je ne pouvais pas le savoir. Si tu es

8

excommunié, j'aurais tort de te mener avec moi. Lampe ou tout autre
peut me conduire à la source. Mais je trouve bon et utile que tu cherches
à te relever de ton excommunication. Je te permets de partir demain
matin; je ne veux pas empêcher ton pèlerinage; car il me semble que
tu veux te convertir au bien. Dieu bénisse ton projet et te permette
d'accomplir le voyage ! »

SIXIÈME CHANT

La disgrâce du loup, de l'ours et du chat couronne le triomphe du renard. — Celui-ci quitte la cour en costume de pèlerin, et feint de partir pour Rome. — Il se fait accompagner du lièvre jusqu'à sa demeure, et là, au lieu de faire ses adieux à sa femme et à ses enfants, il étrangle la pauvre bête, que l'on mange en famille. — Prévoyant que le roi, désabusé sur l'existence du trésor, entrera dans une fureur terrible, le renard songe à émigrer en Souabe. — Sa femme le décide à ne pas quitter son château. — Le perfide charge le bélier de porter au roi la tête du lièvre, cousue dans une besace qui est censée contenir des dépêches confidentielles. — Consternation de la cour à l'ouverture de la besace. — L'ours et le loup rentrent en faveur. — Le bélier leur est livré comme complice de l'assassinat du lièvre.

C'est ainsi que Reineke rentra en grâce auprès du roi. Et le roi s'avança dans un endroit élevé, et, du haut d'une pierre, commanda le silence à tous les animaux assemblés ; il les fit asseoir sur l'herbe d'après leur rang et leur naissance ; Reineke était debout à côté de la reine, et le roi, après s'être recueilli, prit la parole en ces termes :

« Écoutez-moi en silence, vous tous, animaux et oiseaux, pauvres et riches, grands et petits, mes barons et vous qui habitez ma cour et ma maison ! Reineke est en mon pouvoir ; il y a peu d'instants on songeait à le pendre ; mais il m'a révélé des secrets d'État si importants, que, tout bien considéré, je lui rends ma confiance et mes bonnes grâces. La reine, mon épouse, a, de plus, intercédé pour lui ; je me suis laissé émouvoir en sa faveur ; je lui pardonne entièrement, et je lui rends la vie et ses biens ; désormais, la paix que j'ai proclamée le

couvre et le protége. Je vous ordonne donc à tous, sous peine de mort,
de traiter désormais avec honneur Reineke, sa femme et ses enfants,
partout où vous les rencontrerez, la nuit comme le jour. En outre, que
je n'entende plus aucune plainte à son sujet; s'il a mal agi, c'est dans
le passé; il veut s'amender et il le fera certainement. Car, demain, de
bonne heure, le bâton à la main et la besace au dos, il partira pour
Rome en pieux pèlerin, et, de là, il passera la mer; il ne reviendra
que lorsqu'il aura obtenu l'absolution complète de tous ses péchés. »

Là-dessus Hinzé se tourna avec colère vers Brun et Isengrin :

« Maintenant, peine et travail, tout est perdu; oh! je voudrais être
bien loin; une fois rentré en grâce, Reineke mettra tout en œuvre pour
nous perdre tous les trois. J'ai déjà perdu un œil, gare à l'autre! »

— Le cas est difficile, dit Brun, je le vois. »

Isengrin ajouta :

« C'est par trop singulier! Parlons au roi sur-le-champ! »

Il alla effectivement, avec Brun, se présenter, d'un air sombre,
devant le roi et la reine; il parla contre Reineke longuement et vivement. Le roi leur dit :

« Ne l'avez-vous donc pas entendu? Il est rentré en grâce! »

Le roi se fâcha, et sur l'heure les fit prendre, enchaîner et jeter en
prison, car il se rappelait ce que Reineke lui avait dit de leur trahison.

Voilà comment les affaires de Reineke prirent une face toute nouvelle. Il se sauva, et ses accusateurs furent confondus. Il sut même
s'arranger si adroitement, que l'on coupa à l'ours un morceau de sa
peau, de la largeur d'un pied, dont on lui fit une besace pour le voyage;
son costume de pèlerin fut presque au complet. Il pria la reine de lui
procurer des souliers en lui disant :

« Puisque Votre Majesté daigne me reconnaître pour son pèlerin,
qu'elle veuille bien m'aider à accomplir ce voyage. Isengrin a quatre
fameux souliers; ne serait-il pas raisonnable qu'il m'en cédât une paire
pour ma route? Madame, faites-les moi donner par le roi. Girmonde
pourrait bien se passer aussi d'une paire des siens, car une femme de
ménage reste presque toujours à la maison. »

La reine trouva cette demande raisonnable :

« Ils peuvent effectivement se passer chacun d'une paire de souliers, » dit-elle gracieusement.

Reineke la remercia et dit en s'inclinant avec joie :

« Avec ces quatre souliers, je ne resterai pas en chemin. Tout ce que j'accomplirai de bonnes actions en qualité de pèlerin, vous en prendrez votre part, vous et mon gracieux souverain. Nous sommes astreints à prier pendant tout le pèlerinage pour tous ceux qui nous sont venus en aide. Dieu vous récompense de votre bonté ! »

Ainsi, Isengrin perdit les souliers de ses pattes de devant, et sa femme Girmonde dut fournir ceux des pattes de derrière. Tous deux y perdirent la peau et les griffes de leurs pattes ; couchés misérablement près de Brun, ils croyaient toucher à leur dernière heure, tandis que l'hypocrite avait su gagner des souliers et une besace. Il alla près d'eux et railla encore la louve par-dessus le marché :

« Chère amie, lui dit-il, voyez donc comme vos souliers me vont bien ! j'espère qu'ils dureront ; vous vous êtes donné bien de la peine pour me perdre, mais j'en ai pris autant pour me défendre ; j'ai réussi. Si vous vous êtes réjouie, c'est à mon tour maintenant ; c'est le train du monde, il faut savoir s'y faire. Dans mon voyage, je songerai tous les jours avec reconnaissance à mes chers parents ; vous avez eu la complaisance de me donner ces souliers, vous n'aurez pas à vous en repentir ; ce que je gagnerai d'indulgences, je le partagerai avec vous ; je vais les chercher à Rome et par delà la mer. »

Dame Girmonde était accablée de douleur, elle pouvait à peine parler ; mais elle prit sur elle et dit en soupirant :

« C'est pour punir nos péchés que Dieu vous laisse ainsi réussir. »

Pour Isengrin, il se tut et Brun aussi ; tous deux étaient bien malheureux : prisonniers, blessés et raillés par leur ennemi. Il ne manquait plus que le chat Hinzé ; Reineke aurait bien voulu lui jouer un pareil tour.

Le lendemain matin, l'hypocrite s'occupa à graisser les souliers qu'il avait pris à ses parents, s'empressa de se présenter devant le roi et lui dit :

« Votre serviteur est prêt à commencer son pieux voyage ; faites-moi la grâce de commander à votre aumônier de me bénir, afin que je parte d'ici avec l'assurance que tous mes pas soient bénis. »

Le roi avait pour chapelain le bélier ; il était chargé de toutes les affaires ecclésiastiques et servait de secrétaire au roi ; il se nommait Bellyn. Il le fit appeler et lui dit :

« Lisez-moi sur-le-champ quelques paroles sacrées sur Reineke pour bénir le voyage qu'il va entreprendre ; il va à Rome et passera la mer. Passez-lui la besace, et mettez-lui le bâton à la main. »

Bellyn répondit :

« Sire, vous avez appris, je crois, que Reineke n'est pas relevé de son excommunication; je m'attirerais des désagréments de la part de mon évêque si j'agissais suivant votre désir. Il l'apprendrait, sûrement, et il a le droit de me punir. Je ne ferai rien à Reineke à tort et à travers. Si l'on pouvait arranger l'affaire et me garantir de tout reproche de mon évêque le seigneur *Sansraison*, et que le prieur *Bonnetrouvaille* ne s'en fâchât pas, ou bien le doyen *Rapiamus*, je le bénirais bien volontiers selon votre commandement. »

Le roi répliqua :

« Que signifie tout ce bavardage? Vous avez dit beaucoup de paroles pour ne rien dire. Que vous bénissiez Reineke à tort et à travers, que diable cela me fait-il? Que m'importent votre évêque et son chapitre? Reineke va en pèlerinage à Rome, et vous voudriez l'empêcher? »

Bellyn se grattait derrière l'oreille avec angoisse; il redoutait la colère de son roi. Il se mit aussitôt à lire dans son livre pour le pèlerin, qui n'y tenait pas du tout, et cela ne lui servit pas à grand'chose, comme bien vous pensez.

Quand on eut fini de lire les prières, on lui remit la besace et le bâton; le pèlerin fut complet; c'est ainsi qu'il simula le pèlerinage. De fausses larmes coulèrent le long des joues du scélérat et mouillèrent sa barbe, comme s'il ressentait le repentir le plus douloureux. Il avait de fait un chagrin, c'était de ne pas avoir fait le malheur de tous à la fois et de n'en avoir humilié que trois. Cependant il se releva et supplia l'assistance de vouloir bien prier fidèlement pour lui autant que possible. Maintenant, il se prépara à partir rapidement, il se sentait coupable et il avait tout à craindre.

« Reineke, lui dit le roi, vous êtes bien pressé; pourquoi cela?

— Celui qui entreprend une bonne action ne doit jamais tarder, répliqua Reineke. Veuillez me donner congé; l'heure est arrivée; daignez me laisser partir.

— Partez donc, » dit le roi.

Et il ordonna à tous les seigneurs de sa cour de suivre et d'accompagner un bout de route le faux pèlerin. Pendant ce temps-là, Brun et Isengrin, tous deux prisonniers, étaient dans les larmes et la douleur.

Voilà donc comment Reineke sut regagner entièrement l'amour du roi et quitta la cour avec de grands honneurs; il avait l'air d'aller en terre sainte avec son bâton et sa besace, mais il n'avait pas plus à y faire qu'un arbre de mai à Aix-la-Chapelle. Il avait bien d'autres projets en tête. Pour le moment, il avait réussi à se jouer de son roi et à se faire suivre à son départ et accompagner avec force honneurs par tous ceux qui l'avaient accusé. Et, ne pouvant renoncer à la ruse, il dit encore en partant :

Il se mit aussitôt à lire dans son livre pour le pèlerin.

« Sire, veillez bien à ce que les deux traîtres ne vous échappent pas. Une fois libres, ils ne renonceraient pas à leurs affreux attentats. Votre vie est menacée, sire, songez-y. »

Il partit dans une attitude calme, religieuse, avec un air plein de candeur, comme s'il n'avait jamais fait autre chose. Le roi retourna alors à son palais, suivi de tous les animaux qui, par son ordre, avaient d'abord accompagné Reineke un bout de chemin ; et le coquin avait pris des mines si tristes, si désolées, qu'il avait ému la pitié de plus d'un bon cœur. Lampe était surtout très-ému :

« Pourquoi, disait le scélérat, pourquoi, mon cher Lampe, faut-il

nous quitter? Si vous étiez assez bon, vous et Bellyn, le bélier, pour
m'accompagner encore plus loin, votre société me serait un grand bienfait. Vous êtes d'agréable compagnie et d'honnêtes gens, chacun dit du
bien de vous, cela me ferait honneur; vous êtes ecclésiastiques et de
mœurs saintes; vous vivez justement comme j'ai vécu dans mon ermitage; des herbes vous suffisent, vous apaisez votre faim avec des feuilles
et du gazon et vous ne demandez jamais du pain ou de la viande ou
d'autres aliments plus recherchés. »

C'est par ces paroles louangeuses qu'il ensorcelait ces deux carac-
tères faibles; tous deux l'accompagnèrent jusqu'à sa demeure. Lorsqu'ils
virent le donjon de Malpertuis, Reineke dit au bélier :

« Restez ici, Bellyn, et mangez à loisir ce gazon et ces plantes; ces
montagnes produisent des herbes d'un goût excellent. J'emmène Lampe
avec moi; priez-le de consoler ma femme, qui est déjà bien affligée et
qui tombera dans le désespoir lorsqu'elle apprendra que je vais en pèlerinage à Rome. »

Le renard se servait de ces douces paroles pour les tromper tous les
deux. Il fit entrer Lampe; ils trouvèrent dame Renard bien triste, couchée auprès de ses enfants, vaincue par l'affliction; car elle n'espérait
plus voir Reineke revenir de la cour. Quand elle l'aperçut avec sa besace
et son bâton, elle s'en étonna et dit :

« Mon cher Reineke, dites-moi comment cela s'est-il passé? Que
vous est-il arrivé? »

Et il dit :

« J'étais déjà condamné, prisonnier, enchaîné, lorsque le roi me
fit grâce et me délivra, et je m'en vais en pèlerinage; Brun et Isengrin
restent en otages, puis le roi m'a donné Lampe pour le punir et nous
en ferons ce que bon nous semblera. Car c'est le roi qui m'a dit à la
fin et en connaissance de cause : « C'est Lampe qui t'a trahi. » Il a donc
mérité un grand châtiment; c'est lui qui me payera tout. »

Lorsque Lampe entendit ces paroles menaçantes, il eut peur, il perdit la tête; il voulut se sauver et chercha à s'enfuir. Reineke lui barra
rapidement le chemin de la porte et saisit par le cou le pauvre diable,
qui se mit à crier de toutes ses forces :

« Au secours! au secours! Bellyn, je suis perdu! le pèlerin
m'égorge! »

Mais il ne cria pas longtemps, car Reineke eut bientôt fait de lui
couper la gorge. Voilà comme il traita son hôte.

« Venez, dit-il, et mangeons vite, car le lièvre est gras et d'un goût parfait. C'est vraiment la première fois qu'il sert à quelque chose, le nigaud ! Il y a longtemps que je le lui avais promis ; mais maintenant, c'est fait. Que le traître aille donc m'accuser encore ! »

Reineke se mit à la besogne avec sa femme et ses enfants. Ils écorchèrent le lièvre sans plus tarder et le mangèrent de bon appétit. Dame Renard le trouva délicieux et s'écria plus d'une fois :

Reineke saisit par le cou le pauvre diable qui se mit à crier de toutes ses forces.

« Mille fois merci au roi et à la reine ; grâce à eux nous avons fait un festin magnifique ; que Dieu les en récompense !

— Mangez toujours, disait Reineke ; cela suffit pour aujourd'hui, mais notre appétit ne chômera pas, car je compte vous approvisionner encore ; il faudra bien, en fin de compte, que tous ceux qui s'attaquent à moi et me veulent du mal payent l'écot. »

Dame Ermeline dit :

« Oserais-je vous demander comment vous vous êtes tiré d'affaire.

— Il me faudrait bien des heures, répondit-il, si je voulais raconter

D

avec quelle adresse j'ai enlacé le roi et l'ai trompé, lui et la reine. Oui,
je ne vous le cache pas : l'amitié qui règne entre le roi et moi ne tient
qu'à un fil et ne durera pas longtemps. Quand il saura la vérité, il se
mettra dans une terrible colère. Si je retombe jamais en son pouvoir,
ni or ni argent ne pourront me sauver; il me poursuivra et cherchera
à me prendre. Je ne dois pas attendre de merci, je le sais parfaitement;
il ne me lâchera pas que je ne sois pendu, il faut nous sauver. Fuyons
en Souabe! Là, personne ne nous connaît ; nous y vivrons suivant la coutume du pays. Vive Dieu! on fait là bonne chère et tout s'y trouve en
abondance : des poulets, des oies, des lièvres, des lapins, du sucre, des
dattes, des figues, des raisins de caisse et des oiseaux de toutes sortes;
et l'on y fait le pain avec du beurre et des œufs. L'eau est pure et lim-
pide, l'air est doux et serein. Il y a des poissons en quantité, les uns
s'appellent gallines, et les autres pullus, gallus et anas; qui sait tous
leurs noms! Voilà les poissons que j'aime, je n'ai pas besoin de plonger
profondément sous l'eau; je m'en suis toujours nourri lorsque je vivais
en ermite. Oui, ma petite femme, si nous voulons enfin goûter la paix,
il nous faut aller là; vous viendrez avec moi. Entendez-moi bien! le roi
m'a laissé échapper cette fois, parce que je lui ai fait un conte sur des
choses fantastiques. J'ai promis de lui livrer le trésor du roi Eimery; je
lui ai décrit la place où il doit se trouver près de Krekelborn. Quand
ils viendront pour le chercher, ils ne trouveront pas un fétu; ils fouille-
ront en vain, et quand le roi se verra ainsi trompé, il se mettra dans
une colère épouvantable. Car vous pouvez vous faire une idée de tous
les mensonges que j'ai dû inventer avant d'échapper. Il est vrai qu'il
s'agissait de la potence; jamais je n'ai été dans une plus grande
détresse, dans une angoisse plus affreuse. Ah! je ne souhaite pas de
me revoir en pareil danger. Bref, il m'arrivera ce qu'il voudra, jamais
je ne me laisserai persuader de retourner à la cour pour me mettre
encore au pouvoir du roi; il faudrait vraiment la plus grande habileté
du monde pour retirer seulement mon petit doigt de sa gueule. »

Dame Ermeline dit avec tristesse :

« Qu'allons-nous devenir? Nous serons pauvres et étrangers dans
tout autre pays; ici, rien ne nous manque. Vous êtes toujours le seigneur de vos paysans. Est-il donc nécessaire de chercher aventure ailleurs? Vraiment, quitter le certain pour l'incertain n'est guère prudent
ni louable. Ne sommes-nous donc pas en sûreté ici? Notre château est
si fort! Quand même le roi nous assiégerait avec son armée et couvri-

rait la route de vos troupes, nous avons tant de portes secrètes, tant de
sentiers inconnus, que nous échapperions toujours. Vous le savez mieux
que moi, qu'est-il besoin de vous le dire? Il faut bien des choses pour
que nous tombions par force dans ses mains. Ce n'est pas cela qui
m'inquiète. Mais ce qui m'attriste, c'est que vous ayez promis de passer
la mer. Je puis à peine me calmer; que pourrait-il en advenir?

— Ma chère femme, ne vous tourmentez pas, répondit Reineke,
écoutez-moi et faites attention; il vaut mieux donner sa parole que sa
vie. C'est ce que m'a dit autrefois un saint homme dans le confession-
nal; une promesse forcée ne signifie rien. Cela ne m'empêchera pas de
continuer à faire des miennes. Mais il en sera comme vous avez dit : je
reste ici. Dans le fait, j'ai peu de chose à aller chercher à Rome, et,
quand j'aurais fait dix vœux, je ne tiens pas à voir Jérusalem. Je resterai près de vous; la vie sera plus facile; partout ailleurs je ne serai
pas mieux qu'ici. Si le roi veut me donner du souci, eh bien, je l'atten-
drai; il est plus fort et plus puissant que moi; mais il peut m'arriver de
l'ensorceler encore et de le coiffer encore une fois du bonnet des fous.
Si Dieu me prête vie, il s'en trouvera plus mal qu'il ne pense, je le
lui promets! »

Bellyn se mit à crier à la porte avec impatience :

« Lampe, ne sortirez-vous pas? Venez donc! Il est temps de partir. »

Reineke l'entendit, descendit bien vite et lui dit :

« Mon cher, Lampe vous prie de l'excuser; il est en train de rire
avec sa cousine, il espère que vous voudrez bien le lui permettre. Allez
toujours en avant, car sa cousine Ermeline ne le laissera pas partir de
si tôt; vous ne voulez pas troubler sa joie? »

Bellyn répondit :

« J'ai entendu crier; qu'était-ce donc? J'ai cru reconnaître la voix
de Lampe; il criait : « Bellyn, au secours! au secours! » Lui avez-vous
fait du mal? »

Le malin renard lui dit :

« Écoutez-moi bien! Je parlais du pèlerinage que j'avais fait vœu
de faire : à cette nouvelle, ma femme tomba dans le désespoir; une
frayeur mortelle la saisit; elle tomba sans connaissance. Lampe le vit
et en fut effrayé, et, dans son trouble, il se mit à crier : « Au secours,
« Bellyn, Bellyn! oh! venez vite, ma cousine n'en reviendra pas! »

— Tout ce que je sais, dit Bellyn, c'est qu'il a jeté des cris de
frayeur.

— Il ne lui est pas tombé un cheveu de la tête, assura le perfide ; j'aimerais mieux qu'il m'arrivât du mal à moi-même qu'à Lampe. Savez-vous, ajouta Reineke, qu'hier le roi m'a prié, si je passais à la maison, de lui dire mon avis par écrit sur certaines affaires d'importance ; mon cher neveu, vous chargez-vous de ces lettres ? elles sont prêtes. Je lui dis d'excellentes choses et lui donne les meilleurs avis. Lampe était dans la jubilation, je l'entendais avec plaisir se rappeler, avec sa cousine, toutes sortes de vieilles histoires. Comme il bavardait ! il n'en finissait pas ! C'est pendant qu'il mangeait, buvait et s'amusait ainsi que j'ai écrit ces lettres.

— Mon cher renard, dit Bellyn, il faut bien envelopper ces lettres ; il faudrait une poche pour les porter. Si le cachet venait à se briser, je m'en trouverais mal. »

Reineke lui dit :

« Je vais y pourvoir ; la besace que l'on m'a faite avec la peau de l'ours fera parfaitement l'affaire, je suppose ; elle est épaisse et forte ; je vais y mettre les lettres. Je suis sûr qu'en revanche le roi vous donnera force éloges ; il vous recevra avec honneur, vous serez trois fois le bienvenu. »

Le bélier crut tout cela. L'autre se dépêcha de rentrer, prit la besace, y fourra la tête de Lampe et pensa au moyen d'empêcher le pauvre Bellyn d'ouvrir la poche ; il lui dit en revenant :

« Passez la besace autour de votre cou, mon neveu, et ne vous laissez pas entraîner par la curiosité à regarder ces lettres. Ce serait une curiosité dangereuse ; elles sont bien empaquetées ; laissez-les ainsi. N'ouvrez même pas la besace ! J'ai fait un nœud particulier, comme il est d'usage entre le roi et moi dans les affaires d'importance ; et, si le roi trouve le nœud convenu, vous mériterez des grâces et des présents en votre qualité de fidèle messager. Même quand vous aborderez le roi, si vous voulez vous mettre plus avant dans ses faveurs, vous lui ferez remarquer que vous avez conseillé ces lettres après mûre réflexion, que vous avez même aidé à les écrire ; cela vous rapportera profit et honneur. »

Bellyn fut ravi, se mit à gambader çà et là avec joie, et dit :

« Reineke, mon neveu et mon maître, je vois maintenant combien vous m'aimez et voulez m'honorer ; je serai très-flatté d'apporter ainsi devant tous les seigneurs de la cour d'aussi bonnes pensées, des paroles aussi belles et aussi élégantes. Car, certes, je ne sais pas écrire aussi bien que vous, mais ils seront obligés de le penser, et c'est à vous que je le devrai. C'est pour mon plus grand bonheur que je vous ai suivi jusqu'ici. Dites-moi, maintenant, n'avez-vous plus rien à me commander? Lampe ne part-il pas d'ici en même temps que moi?

— Non, comprenez bien, dit le rusé Reineke, cela n'est pas possible. Allez toujours en avant tout doucement, il vous suivra aussitôt que je lui aurai confié certaines affaires assez graves.

— Dieu soit avec vous, dit Bellyn, je vais donc partir. »

Et il s'en alla rapidement. A midi, il était à la cour.

Lorsque le roi l'aperçut, il reconnut sur-le-champ la besace, et dit : « Eh bien, Bellyn, d'où venez-vous, et où avez-vous laissé Reineke? Vous portez sa besace; qu'est-ce que cela signifie? »

Bellyn repartit :

« Sire, il m'a prié de vous porter ces deux lettres. Nous les avons rédigées à nous deux. Vous y trouverez des choses de la dernière importance subtilement traitées, et c'est moi qui en ai conseillé le contenu. Les voici dans la besace; c'est lui qui en a fait le nœud. »

Le roi fit venir sur-le-champ le castor qui était notaire et secrétaire du roi : il se nommait Bokert; il avait pour fonction de lire au roi les lettres les plus difficiles et les plus importantes; car il connaissait plusieurs langues. Le roi fit aussi mander Hinzé. Lorsque Bokert eut, avec l'aide de Hinzé son compagnon, défait le nœud de la besace, il en tira avec étonnement la tête du pauvre lièvre :

« Voilà d'étranges lettres! s'écria-t-il. Qui les a écrites? Qui l'expliquera? C'est la tête de Lampe; tout le monde peut le reconnaître. »

Le roi et la reine reculèrent d'horreur. Mais le roi baissa la tête, et dit :

« O Reineke, si je te tiens jamais! »

Le roi et la reine s'affligèrent extrêmement.

« Comme Reineke m'a trompé! dit le roi; oh! si je n'avais pas ajouté foi à ses infâmes mensonges! »

Il était tout troublé, et tous les animaux comme lui. Mais Léopard, le plus proche parent du roi, prit la parole :

« Vraiment, je ne vois pas pourquoi vous êtes si affligé et la reine aussi. Chassez ces pensées; prenez courage. Un tel abattement devant tout le monde ne peut que vous déshonorer. N'êtes-vous pas maître et seigneur? Tous ceux qui sont ici n'ont qu'à vous obéir!

— C'est pour cela même, répondit le roi, qu'il ne faut pas vous

étonner si j'ai le cœur si contrit. Par malheur, je me suis laissé
égarer. Car le traître, par une ruse infâme, m'a induit à punir mes
amis. Brun et Isengrin sont tous deux humiliés et prisonniers; ne dois-
je pas m'en repentir du fond de mon cœur? Cela me rapporte peu

Il en tira la tête du pauvre lièvre.

d'honneur de maltraiter ainsi les premiers barons de ma cour, d'avoir
ajouté tant de foi aux artifices de ce menteur; en un mot, d'avoir
agi sans prudence. J'ai suivi trop vite le conseil de ma femme; elle
s'est laissé séduire; elle m'a prié et supplié pour lui. Oh! que n'ai-je
été plus ferme! Maintenant le remords est tardif et tout conseil est
superflu. »

Léopard dit :

« Sire, écoutez ma prière, ne vous livrez pas plus longtemps à la douleur! Le mal fait peut se réparer. Livrez le bélier en expiation à l'ours, au loup et à la louve; car Bellyn a avoué hautement et audacieusement qu'il avait conseillé la mort de Lampe; qu'il l'expie donc maintenant! après cela, nous courrons sus à Reineke; nous le prendrons, s'il plaît à Dieu; on le pendra sur l'heure; si on le laisse parler, il s'en tirera avec de belles paroles et ne sera pas pendu. Quant aux deux prisonniers, je suis sûr qu'ils accepteront une réconciliation. »

Ce conseil plut au roi, qui dit à Léopard :

« Votre avis me plaît. Allez-moi chercher les deux barons; qu'ils reprennent avec honneur leurs places dans mon conseil. Convoquons tous les animaux qui font partie de la cour; il faut qu'ils apprennent les infâmes mensonges de Reineke, comment il a pu échapper, et comment, avec Bellyn, il a mis Lampe à mort. Que tout le monde traite le loup et l'ours avec respect; comme gage de réconciliation, je leur livre, suivant votre avis, le traître Bellyn et tous ses parents à perpétuité. »

Léopard courut trouver les deux prisonniers, Brun et Isengrin. On leur enleva leurs liens; puis il leur dit :

« Consolez-vous, je vous apporte de la part du roi la paix et la liberté. Écoutez-moi, messeigneurs, si le roi vous a fait du mal, il en est fâché; il vous le fait dire et désire que cela vous soit satisfaction; pour expiation, il vous livre Bellyn, sa famille et tous ses parents à perpétuité. Sans autre forme de procès, jetez-vous sur eux; que vous les trouviez aux champs ou dans les bois, n'importe, ils sont à vous. De plus, notre gracieux maître vous permet encore de nuire par tous les moyens à Reineke, qui vous a trahis; lui, sa femme, ses enfants et tous ses parents vous appartiennent; vous pouvez les poursuivre partout où vous les trouverez; personne ne vous en empêchera. C'est au nom du roi que je vous apporte cette liberté et ces priviléges. Le roi et tous ses successeurs vous les maintiendront. Oubliez donc les désagréments de ces derniers jours, jurez-lui fidélité et respect, vous le pouvez en tout honneur. Jamais il ne vous blessera plus. Je vous conseille d'accepter ces propositions. »

C'est ainsi que la paix fut faite; le bélier la paya de sa tête, et tous ses parents sont encore aujourd'hui poursuivis par la puissante famille d'Isengrin. Voilà l'origine de cette haine éternelle. Maintenant, les loups, sans honte et sans remords, continuent à dévorer les brebis et les agneaux; ils croient avoir le droit de leur côté; leur fureur n'en épargne pas un; jamais ils ne se réconcilieront.

En l'honneur de Brun et d'Isengrin, le roi prolongea la cour de douze jours; il voulait montrer publiquement combien il avait à cœur de faire la paix avec ces seigneurs.

SEPTIÈME CHANT

Grand festival à la cour. — La joie universelle est troublée par l'arrivée du lapin qui a laissé une de ses oreilles entre les griffes de Reineke. — En contrefaisant le mort, le traître a de plus attiré à sa portée une corneille compatissante, qu'il a dévorée toute vive. — Indignation du roi, qui ordonne la prise d'assaut de la retraite du coupable. — Le blaireau se rend en toute hâte auprès de Reineke pour l'informer de cette décision. — Reineke fait ses adieux à sa femme, et lui déclare sa résolution de tenir tête à l'orage et de se rendre à la cour pour se justifier.

La cour devint alors un lieu de plaisir et de magnificence ; maint chevalier s'y rendit ; à tous les animaux rassemblés vinrent se joindre d'innombrables oiseaux, et tous ensemble comblèrent de respect Brun et Isengrin, qui oublièrent leurs souffrances en se voyant fêtés par la meilleure compagnie qui ait jamais été réunie. Les trompettes et les timbales résonnaient, et l'on se livrait à la danse avec ces belles manières qu'on ne trouve qu'à la cour ; tout avait été prodigué de ce que l'on pouvait désirer. On envoya messagers sur messagers pour porter des invitations ; oiseaux et quadrupèdes se mirent en route. On les voyait, paire par paire, voyager de jour et de nuit et se hâter d'arriver. Pour Reineke, le faux pèlerin, il était aux aguets dans sa maison ; il ne songeait guère à aller à la cour ; il n'y comptait pas sur un bon accueil. Suivant sa coutume, ce que le drôle préférait, c'était de jouer ses tours. Et la cour résonnait des chants les plus mélodieux ; on offrait sans relâche à boire et à manger aux invités. On se livrait aux jeux du

10

tournoi et de l'escrime. Chacun s'était réuni à ses pareils; on chantait,
au son des pipeaux et des chalumeaux. Le roi regardait avec affabilité
du haut de son estrade; cette grande réunion lui plaisait, et il voyait
cette foule avec joie.

Huit jours étaient déjà écoulés; le roi venait de se mettre à table
avec ses premiers barons; la reine était à ses côtés, lorsque le lapin
parut devant le roi, tout couvert de sang, et dit avec tristesse :

« Sire, et vous tous, prenez pitié de moi! car rarement vous aurez
entendu le récit d'une trahison plus perfide et plus meurtrière que celle
dont Reineke vient de me faire la victime. Hier matin, il pouvait être
six heures, je le trouvai assis devant sa porte : je descendais le chemin
qui passe devant Malpertuis; je pensais m'en aller en paix. Il était

habillé comme un pèlerin, dans l'attitude d'un homme qui lirait ses prières. Je voulus passer rapidement pour me rendre à votre cour. Quand il me vit, il se leva soudain et vint au-devant de moi; je pensais que c'était pour me saluer : mais il me saisit avec ses pattes comme

pour m'étrangler; je sentis ses griffes derrière mes oreilles. Je crus vraiment que j'étais un homme mort; car elles sont longues et aiguës, ses griffes. Il me jeta par terre. Par bonheur je me dégageai, et, grâce à la légèreté de ma course, je pus me sauver. Il me poursuivit en grondant et jura de me retrouver. Je me tus et m'enfuis; mais, hélas! je lui ai laissé une de mes oreilles et j'arrive la tête en sang; regardez! j'y ai quatre trous. Songez donc! il m'a frappé avec tant d'impétuosité, que je suis presque resté sur le coup. Maintenant, voyez ma détresse, voyez le cas qu'il fait de vos saufs-conduits! Qui peut voyager? qui peut se rendre à votre cour, lorsque le brigand tient la grand'route et attaque tout le monde? »

Il finissait à peine, lorsque la bavarde corneille Merknau se mit à dire :

« Sire, je vous apporte une triste nouvelle; je ne suis guère en état de parler, tant j'ai de peur et de chagrin! je crains que cela ne me brise encore le cœur; voyez le déplorable malheur qui vient d'arriver aujourd'hui. Scharfenebbe, ma femme, et moi, nous étions partis aujourd'hui de grand matin, quand nous vîmes Reineke étendu mort sur la bruyère, les yeux roulés de travers, la gueule ouverte et la langue

pendante. De frayeur, je me mis à pousser les hauts cris. Il ne bougea pas; je criai et me lamentai : « Hélas! quel malheur! » Je redoublai mes gémissements : «Hélas! il est mort! que je le regrette! que j'en « suis désolée! » Ma femme s'affligeait aussi; nous pleurions ensemble. Je lui tâtai le ventre et la tête; ma femme s'approcha aussi et s'assura si sa respiration ne trahissait pas un reste de vie; mais elle, écouta en vain; nous eussions juré tous les deux qu'il était mort. Écoutez maintenant le malheur! tandis que dans sa tristesse, et sans y prendre garde, elle avait rapproché son bec de la gueule du vaurien, le cruel le remarqua et lui happa la tête d'un coup. Je ne vous dirai pas quel fut mon effroi. « O malheur! malheur à moi! » m'écriai-je. Reineke se leva alors, se jeta sur moi; je m'envolai éperdue de frayeur. Si je n'avais pas été si prompte, je serais devenue sa proie également; c'est à grand'peine que j'ai échappé aux griffes de l'assassin; je me perchai sur un arbre. Oh! pourquoi ai-je sauvé ma triste vie? J'ai vu ma femme dans les pattes du scélérat; hélas! il eut bientôt fait de manger cette tendre amie. Il me parut avoir si faim, qu'il eût été d'humeur à en manger plusieurs autres; il n'a rien laissé, pas une patte, pas un petit os. Pourquoi ai-je assisté à un pareil spectacle? Il s'en alla; mais, moi, je ne pouvais m'en aller; le cœur navré, je volai à la place funèbre; là, je ne trouvai que du sang et quelques plumes de ma femme. Les voici, je les apporte comme une preuve du crime. Ah! sire, prenez pitié! car, si vous épargnez ce traître encore cette fois, si vous tardez à en tirer une juste vengeance, si vous ne donnez pas force de loi à votre paix et à votre sauf-conduit, on trouverait à dire bien des choses qui pourraient vous déplaire. Car le proverbe a raison : il est coupable du crime, celui qui a le pouvoir de punir et qui ne punit pas; alors chacun tranche du grand seigneur. Cela touche de près à votre dignité, veuillez le considérer. »

Voilà dans quels termes la cour entendit la plainte du bon lapin et de la corneille. Le roi s'écria en colère :

« Je le jure par ma fidélité conjugale! je punirai ce crime de telle façon qu'on ne l'oubliera de longtemps! Braver ainsi mon sauf-conduit et mes ordres! je ne le souffrirai pas. Trop légèrement j'ai cru ce coquin et l'ai laissé échapper. Moi-même, je l'ai équipé en pèlerin et lui ai donné congé, comme s'il partait pour Rome. Que ne nous a-t-il pas fait accroire, ce menteur! Avec quelle facilité n'a-t-il pas su gagner l'intérêt de la reine! Elle m'a persuadé, et maintenant il s'est échappé; mais je ne serai pas le dernier qui se repentira amèrement d'avoir suivi un conseil de femme. Si nous laissons le scélérat plus longtemps sans punition, c'est une honte. Il a toujours été un coquin et le restera toujours. Songez donc tous, messeigneurs, au moyen de le prendre et de le juger. Si nous nous y mettons sérieusement, nous sommes sûrs du succès. »

Le discours du roi plut fort à Brun et à Isengrin.

« Nous serons donc vengés à la fin! » pensèrent-ils tous les deux.

Mais ils n'osèrent pas parler, voyant que le roi était de mauvaise humeur et excessivement en colère.

La reine dit enfin :

« Mon gracieux seigneur, vous ne devriez pas vous mettre en d'aussi violentes colères et faire un serment si à la légère; votre dignité en souffre, ainsi que l'autorité de votre parole. Car nous ne voyons encore nullement la vérité au grand jour; il faut encore entendre l'accusé. Et, s'il était présent, plus d'un se tairait qui parle maintenant contre Reineke. Il faut toujours entendre les deux parties; car plus d'un criminel accuse les autres pour cacher ses propres méfaits. J'ai toujours regardé Reineke comme un homme sage et intelligent, je n'y voyais pas de mal; je n'ai jamais eu que votre bien en vue, quoiqu'il en soit arrivé autrement. Car son avis est toujours bon à suivre, quoique, à vrai dire, sa vie mérite plus d'un blâme. De plus, il faut songer aux grandes alliances de sa famille. Les affaires ne gagnent pas à être précipitées, et ce que vous aurez résolu, vous l'exécuterez toujours à la fin, puisque vous êtes notre maître et seigneur. »

Et Léopard ajouta :

« Puisque vous écoutez tout le monde, écoutez donc aussi Reineke. Qu'il se présente, et on exécutera sur-le-champ votre résolution. C'est probablement l'avis de tous ces seigneurs et celui de votre noble épouse. »

Là-dessus, Isengrin se mit à dire :

« Que chacun donne son meilleur avis! Seigneur Léopard, écoutez-moi! Quand même Reineke viendrait à l'instant ici et se blanchirait de la double accusation de la corneille et du lapin, il ne m'en serait pas moins très-facile de prouver qu'il a mérité la mort. Mais je me tais jusqu'à ce que nous le tenions. Avez-vous donc oublié comme il en a menti au roi avec son trésor? Ne devait-il pas le trouver à Husterlo, près de Krekelborn, et tout le reste de ce grossier mensonge? Il nous a tous trompés; et, moi et Brun, il nous a déshonorés; mais, j'en mettrais ma vie à gage, je parie que ce perfide mène sur la bruyère la vie qu'on vient de nous dire; il rôde çà et là, il pille, il tue; si le roi et les seigneurs le trouvent bon, on procédera comme ils le veulent. Mais s'il voulait venir sérieusement à la cour, il y serait déjà depuis longtemps. Les messagers du roi ont parcouru tout le pays pour inviter aux fêtes de la cour, et il est resté chez lui. »

Le roi dit alors :

« A quoi bon l'attendre si longtemps? Préparez-vous tous (telle est ma volonté) à me suivre dans six jours; car vraiment je veux voir la fin de ces démêlés. Qu'en dites-vous, messeigneurs? ne serait-il pas capable à la fin de ruiner tout un pays? Tenez-vous prêts, en aussi bon état que possible, et venez en harnais avec des arcs, des lances et d'autres armes; comportez-vous bravement et vaillamment! Que chacun porte son nom avec honneur; car j'armerai des chevaliers sur le champ

do bataille. Nous allons assiéger la forteresse de Malpertuis; nous verrons ce qu'il a dans son château. »

Tous les seigneurs s'écrièrent :

« Nous obéirons! »

C'est ainsi que le roi et les seigneurs entreprirent d'assiéger la forteresse de Malpertuis pour punir Reineke. Mais Grimbert, qui avait fait
partie du conseil, s'échappa en secret et alla trouver Reineke pour lui en
dire la nouvelle. Il s'en allait tout affligé, gémissait et se disait à lui-même :

« Hélas! mon oncle, que va-t-il advenir? Toute ta race déplore ton
sort à juste titre, car tu es le chef de toute notre race! Quand tu nous
défendais devant le tribunal, nous étions bien tranquilles : personne ne
pouvait résister à ton adresse. »

C'est dans ces pensées qu'il atteignit le château; il trouva Reineke
assis en plein air; il venait de prendre deux jeunes pigeons qui avaient
voulu essayer leur essor loin du nid; mais leurs plumes étaient trop
petites; ils étaient tombés à terre, hors d'état de se relever, et Reineke
les avait attrapés; car il allait souvent à la chasse. Il aperçut de loin
Grimbert et l'attendit; il le salua et lui dit :

« Soyez le bienvenu, mon cher neveu, vous que j'aime le plus de
toute ma famille! Pourquoi vous pressez-vous tant? Vous êtes tout
essoufflé; m'apportez-vous des nouvelles? »

Grimbert lui répondit :

« La nouvelle que j'apporte n'a rien d'agréable, vous le voyez,
j'accours avec effroi; tout est perdu, votre vie et votre fortune! J'ai
été témoin de la colère du roi; il a juré de vous prendre et de vous
punir par une mort infâme. Il a donné l'ordre à tous ses vassaux de
paraître ici dans six jours, armés d'arcs, d'épées, d'arquebuses, et avec
des chariots; ils vont tous tomber sur vous, songez-y bien! Isengrin
et Brun sont aussi bien avec le roi que je le suis avec vous, et tout se
fait à leur gré. Isengrin vous accuse tout haut d'être le brigand et
l'assassin le plus épouvantable, et ses cris émeuvent le roi. Il est nommé
maréchal; vous en aurez des nouvelles dans peu de semaines. C'est le
lapin et la corneille qui ont déposé contre vous. Si le roi peut vous sai-
sir cette fois, vous ne vivrez pas longtemps; voilà ce que je crains.

— Voilà tout? répondit le renard. C'est une bagatelle. Quand même
le roi avec tout son conseil aurait promis et juré ma mort par un double
et triple serment, je n'aurais qu'à me présenter en personne et je les
mettrais tous à mes pieds; car ils ne font que discuter et ne savent

jamais conclure. Laissons cela, mon cher neveu, suivez-moi et voyez
un peu ce que je vais vous donner. Je viens justement de prendre deux
petits pigeons tout jeunes et tout gras; c'est pour moi le plus délicieux
de tous les mets, car ils sont faciles à digérer : on n'a qu'à les avaler.
Et ces petits os, comme ils sont bons! ils fondent dans la bouche, c'est
moitié lait, moitié sang. Cette nourriture légère me convient, et une
femme a le même goût que moi. Venez donc! elle nous recevra amicalement; mais qu'elle ignore pourquoi vous êtes venu. La moindre des
choses lui tombe sur le cœur et la rend malade. Demain, je me rendrai
à la cour avec vous; là, mon cher neveu, j'espère que vous me viendrez en aide, comme il convient entre bons parents.

— Je mettrai volontiers ma fortune et ma vie à votre disposition, »
dit le blaireau.

Et Reineke répondit :

« Je ne l'oublierai pas. Si mes jours se prolongent, vous n'y per-
drez point. »

L'autre repartit :

« Comparaissez bravement devant les seigneurs et défendez-vous de
votre mieux; ils vous écouteront. Léopard a été d'avis qu'il ne fallait
pas vous punir avant de vous avoir entendu; la reine a opiné de même.
Remarquez bien cette circonstance et tâchez de l'utiliser. »

Mais Reineke dit :

« Soyez tranquille, tout cela s'arrangera. Le roi, si colère, se cal-
mera quand il m'aura entendu; je m'en tirerai encore cette fois. »

Et ils entrèrent tous les deux et furent gracieusement reçus par la
dame de la maison : elle leur servait tout ce qu'elle avait. On partagea
les pigeons; on les trouva délicieux, et chacun en savoura sa part. Ils
ne se rassasiaient pas, et ils en auraient certainement mangé une demi-
douzaine, s'ils avaient su où les trouver.

Reineke dit au blaireau :

« Avouez, mon neveu, que j'ai des enfants charmants. Ils plaisent
à tout le monde. Dites-moi, comment trouvez-vous Rousseau et
Reinhart, le petit ? Ils augmenteront un jour notre famille; pour le
moment, ils commencent à se former petit à petit, ils font ma joie du
matin jusqu'au soir. L'un prend un poulet, l'autre met la patte sur un
gâteau; ils plongent même bravement dans l'eau pour attraper les
canards et les vanneaux. Je voudrais bien les envoyer à la chasse plus
souvent; mais il faut que je leur apprenne avant tout la prudence

et les précautions à prendre pour savoir se garer des lacets, des chasseurs et des chiens. Une fois au fait et bien dressés comme il faut, alors
ils chasseront tous les jours et rien ne manquera à la maison. Ils chas-
sent déjà de race et savent déjà maints tours. Quand ils s'y mettent,

Attendez-moi, vous me reverrez, ma chère amie.

les autres animaux s'enfuient; ils sautent à la gorge de l'ennemi, qui
ne gigotte pas longtemps. C'est la façon de Reineke. Ils savent aussi
happer vivement, et leur bond est infaillible ; voilà ce qu'il faut ! »

Grimbert dit :

« C'est un honneur et une cause de joie d'avoir des enfants comme
on le désire et qui s'habituent de bonne heure à aider leurs parents
dans leurs métiers. Je me félicite de tout mon cœur de les savoir de ma
famille et j'en attends des merveilles.

— Laissons cela, répliqua Reineke ; allons nous coucher, car nous
sommes tous las, et Grimbert surtout doit être fatigué. »

Et ils se couchèrent dans la salle, dont le plancher était tout couvert de foin et de feuilles, et dormirent tous ensemble. Mais Reineke

11

veillait de frayeur; il lui semblait que la chose valait qu'on y pensât, et le matin le trouva encore plongé dans sa méditation. Il se leva de sa couche et dit à sa femme :

« Ne vous inquiétez pas! Grimbert m'a prié de l'accompagner à la cour ; restez tranquillement à la maison. Si quelqu'un vous parle de moi, arrangez cela pour le mieux et gardez bien le château; de cette façon, nous serons tous en sûreté. »

Dame Ermeline s'écria :

« C'est bien étrange! vous osez retourner à la cour où l'on vous a voulu faire tant de mal. Y êtes-vous obligé? Je n'en vois pas la nécessité; songez au passé!

— Certes, dit Reineke, il n'y avait pas de quoi rire; j'avais beaucoup d'ennemis, et ma détresse fut grande; mais il arrive bien des choses sous le soleil. Contre toute probabilité, il advient tel et tel événement, et celui qui croit posséder une chose la perd tout d'un coup. Ainsi, laissez-moi partir! J'ai fort à faire là-bas; restez en paix, je vous en supplie, vous n'avez pas besoin de vous tourmenter. Attendez-moi, vous me reverrez, ma chère amie, dans cinq ou six jours, si cela m'est possible. »

Et il partit accompagné de Grimbert le blaireau.

HUITIÈME CHANT

Chemin faisant, Reineke complète sa confession ; puis il demande conseil au blaireau. — Les remontrances de celui-ci amènent Reineke à développer son système de morale. — Rencontre du singe, qui se rendait à Rome ; il promet à Reineke de faire lever l'excommunication qui pèse sur lui.

Grimbert et Reineke s'en allèrent donc ensemble à travers la bruyère, en droite ligne vers le château du roi.

Reineke dit :

« Advienne que pourra ! cette fois, j'ai un pressentiment que mon voyage aura les meilleurs résultats. Mon cher neveu, écoutez-moi : depuis la dernière fois que je me suis confessé à vous, je suis retombé dans plus d'un péché. En voici de grands, de petits, et ceux que j'avais oubliés l'autre fois. J'ai su me faire une besace avec un morceau de la peau de l'ours ; le loup et la louve ont dû me donner leurs souliers ; voilà comment je me suis vengé. C'est à force de mensonges que j'obtins tout cela ; je sus exciter la colère du roi, et je l'ai indignement trompé ; car je lui fis un conte et lui ai inventé des trésors imaginaires. Ce n'était pas encore assez : je mis à mort Lampe et je chargeai Bellyn de porter la tête de la victime ; le roi se mit en colère contre lui, et c'est lui qui a payé pour moi. Quant au lapin, je l'ai vivement serré derrière les oreilles jusqu'à l'étouffer, mais j'eus le chagrin de le voir échapper. Je dois aussi l'avouer, la corneille ne se plaint pas à tort ; j'ai

mangé sa femme. Voilà mes méfaits depuis ma confession. Mais alors
j'en ai oublié un que je vais vous raconter; c'est une friponnerie qu'il
faut que vous sachiez, car je n'aimerais pas m'en charger la conscience;
je l'ai mise autrefois sur le compte du loup. Nous allions une fois
ensemble entre Hackys et Elverdingen; nous vîmes de loin une jument
avec son poulain, noirs comme un corbeau l'un et l'autre; le poulain
pouvait avoir quatre mois. Isengrin, qui était tourmenté par la faim,
me dit : « Demande donc à la jument si elle veut nous vendre son pou-
« lain, et à quel prix. » Alors j'allai près d'elle et je tentai l'aventure.
« Chère dame jument, lui dis-je, ce poulain est à vous, à ce que je
« vois; voudriez-vous bien le vendre? J'aimerais à le savoir. — Si vous
« le payez bien, répondit-elle, je puis m'en défaire. Quant au prix que
« j'en veux, vous pouvez le lire, il est écrit sur mon pied de derrière. »
Je compris ce que cela voulait dire et je repartis : « Je dois vous l'avouer,
« je ne sais pas lire et écrire comme je le désirerais. D'ailleurs, ce n'est
« pas moi qui ai envie de votre enfant; c'est Isengrin qui m'a envoyé, car
« c'est lui qui voudrait vider cette affaire. — Qu'il vienne donc! » répliqua-
t-elle; « je vais le lui apprendre. » Et je retournai près d'Isengrin, qui
m'attendait. « Si vous voulez vous rassasier, lui dis-je, vous n'avez
« qu'à vous approcher; la jument vous donne le poulain : le prix en est
« écrit sur son sabot de derrière. « Vous n'avez qu'à le regarder, » m'a-
« t-elle dit; mais, à mon grand chagrin, j'ai dû manquer maintes excel-
« lentes occasions, parce que je n'ai pas appris à lire et à écrire. Essayez-
« le, vous, mon oncle, et regardez ce qui est écrit; vous le comprendrez
« peut-être. » Isengrin dit : « Pourquoi ne le lirais-je pas? Ce serait un
« peu fort! je comprends l'allemand, le latin, le welche, et même le fran-
« çais : car j'ai fait mes études à Erfurt; j'ai passé mes examens de droit;
« j'ai fait ma licence en règle et je lis toutes les écritures, comme si
« c'était mon nom; aussi je ne serai pas embarrassé en ce moment. Res-
« tez là! je m'en vais lire cette écriture, nous allons voir! » Et il alla et
dit à la jument : « Combien le poulain? Faites un prix raisonnable! »
Elle répondit : « Vous n'avez qu'à lire la somme; elle est écrite sur mon
« pied de derrière. — Voyons, » repartit le loup. Elle dit : « Faites! » et
elle leva le pied; il venait d'être ferré de six clous; elle le frappa juste
et en plein! car elle atteignit le loup à la tête; il tomba à la renverse et
resta comme mort. La jument détala de son mieux. Le loup resta éva-
noui assez longtemps. Au bout d'une heure, il revint à lui et se mit à
hurler comme un chien. Je m'approchai de lui et lui dis : « Mon cher

« oncle, où est la jument? le poulain avait-il bon goût? Vous êtes rassa-
« sié et vous m'avez oublié : cela n'est pas bien; c'est moi qui vous ai
« servi de messager; vous vous êtes mis à dormir après le repas. Dites-
« moi, qu'est-ce qu'il y avait d'écrit sous le pied de la jument? car vous

Elle le frappa juste et en plein! car elle atteignit le loup à la tête.

« êtes un grand savant! — Ah! répliqua-t-il, avez-vous bien le cœur
« de railler? Comme je suis arrangé cette fois-ci! Un rocher aurait
« pitié de moi; que le diable enlève la jument aux longues jambes! son
« pied était garni d'un fer avec des clous neufs; c'était le chiffre écrit;
« j'en ai six blessures dans la tête. » A peine s'il en réchappa. J'ai
maintenant tout confessé, mon cher neveu, pardonnez-moi toutes ces
œuvres coupables. Il est difficile de savoir ce qu'il m'adviendra à la
cour; en tout cas, j'ai soulagé ma conscience et je me suis purgé de
mes péchés. Dites-moi maintenant ce que je dois faire pour m'amender
afin de revenir en état de grâce. »

Grimbert dit :

« Je vous retrouve chargé de nouveaux péchés. Cependant, les
morts ne peuvent pas revenir à la vie; certes, il vaudrait mieux qu'ils

ne fussent pas morts. Mais, mon cher oncle, en considération de la circonstance terrible où vous êtes et de la mort prochaine qui vous menace,
je veux bien vous absoudre de vos péchés en ma qualité de serviteur
de Dieu, car vos ennemis vont vous attaquer sans merci, je crains tout;
on ne vous pardonnera pas surtout l'envoi de la tête du lièvre. Avouez-
le, ce fut une grande témérité que cette insulte au roi, et cela vous
nuira plus que votre étourderie ne l'a pensé.

— Nullement, répliqua le rusé coquin. Je dois vous le dire; c'est
une singulière affaire que le monde et sa morale : on ne peut pas être
un saint comme au couvent, vous le savez bien. Celui qui vend du miel
se lèche les doigts de temps en temps. Lampe m'a tenté on ne peut
plus; il gambadait çà et là devant mes yeux, sa petite personne toute
grassouillette me plut, et je mis toute affection de côté. C'est ainsi que
je fis pâtir aussi Bellyn. A eux le mal, à moi le péché; mais aussi ces
animaux sont si lourds, si grossiers et si stupides en toute chose! Il
m'eût fallu encore faire des cérémonies! Je n'en avais guère l'envie. Je
venais d'échapper à grand'peine à la cour et à la potence, et je leur
enseignai maintes choses, mais sans profit. Certainement chacun devrait
aimer son prochain, je dois l'avouer; cependant j'ai fait peu de cas de
ceux-ci; mais ceux qui sont morts sont morts, vous l'avez dit vous-
même. Parlons d'autre chose.

« Nous vivons dans des temps dangereux; car que se passe-t-il de
haut en bas? On ne souffle plus un mot; pourtant, nous n'en pensons
pas moins, nous autres. Le roi pille tout comme les autres, nous le
savons; ce qu'il ne prend pas lui-même, il le fait prendre par des ours
et des loups, et il croit qu'il en a le droit. Il ne se rencontre personne
qui ose lui dire la vérité, tellement le mal a pénétré partout. Ni confesseur ni chapelain; ils se taisent! Pourquoi? Parce qu'ils en prennent
leur part, n'y aurait-il qu'une soutane à gagner; et puis que l'on vienne
s'en plaindre! On ferait aussi bien de prendre la lune avec ses dents,
ce serait peine perdue et le plaignant fera bien de choisir un autre
métier. Car ce qui est pris est pris, et l'on peut dire adieu à ce qui est
tombé sous la patte d'un puissant; on écoute peu la plainte et elle
fatigue à la longue. Notre maître est le lion, et il croit de sa dignité de
tout prendre pour lui. Il nous appelle d'ordinaire ses gens; dans le fait,
ce qui est à nous me fait l'effet d'être à lui. Vous le dirai-je, mon
neveu? le roi aime surtout les gens qui viennent à lui les mains pleines
et qui font tout ce qu'il veut; on ne le voit que trop clairement. La

rentrée du loup et de l'ours au conseil coûtera cher à plus d'un; ils
volent et pillent; le roi les aime; chacun le voit et se tait, et pense que
son tour viendra. Il y en a plus de quatre de la sorte aux côtés du roi,
les plus grands seigneurs et les plus distingués de la cour. Quand un
pauvre diable comme Reineke prend par hasard un petit poulet, ils se
jettent tous sur lui, le poursuivent, le saisissent et le condamnent à
mort à l'unanimité. On se débarrasse ainsi des petits voleurs, les grands
ont de l'avance; ils gouvernent le pays et les châteaux.

« Voyez-vous, mon neveu, quand je vois tout cela et que je réfléchis
là-dessus, alors, ma foi, je joue aussi mon jeu et je me dis souvent :
« Il ne doit pas y avoir de mal à cela, puisque tout le monde agit ainsi ! »
Il est vrai que la conscience se remue par moments, et me montre
de loin la colère céleste et le jugement dernier, et me fait penser à ma
fin; si petit qu'il soit, le bien mal acquis doit être restitué. Et alors j'ai
des remords dans mon cœur; mais cela ne dure pas longtemps. Oui, à
quoi cela te servirait-il d'être le meilleur? Les meilleurs n'en sont pas
moins peu respectés par le peuple dans ces temps-ci; car la foule sait
s'enquérir de tout, elle n'épargne personne, elle invente ceci et cela. Il
y a peu de bien dans le menu peuple, et vraiment il y a bien peu de
citoyens qu'on puisse appeler justes et bons : car ils ne font que dire du
mal; ils savent pourtant le bien qu'il y a à dire des seigneurs grands et
petits; mais ils le taisent et rarement il en est question. Ce que je trouve
de plus triste, c'est l'illusion qu'ont les hommes de croire que chacun
dans l'orgueil de sa volonté pourrait gouverner et juger le monde. Si
chacun mettait à la raison sa femme et ses enfants, et savait refréner
l'insolence de ses domestiques, on pourrait, lorsque les fous prodiguent
tout, goûter une heureuse médiocrité. Mais comment le monde pourrait-il s'améliorer? chacun se permet tout et veut corriger les autres par
la force, et nous tombons de plus en plus dans l'abîme du mal. Des
non-sens, le mensonge, la trahison, le vol, les faux serments, le brigandage et l'assassinat, on n'entend pas parler d'autre chose; des faux
prophètes et des hypocrites trompent indignement les hommes. Tout le
monde vit ainsi, et, quand on veut les exhorter à changer, ils le prennent légèrement et vous répondent : « Eh ! si le péché était aussi lourd
« et aussi grand qu'on nous l'a prêché, ici et là, le prêtre serait le pre-
« mier à l'éviter. » Ils s'excusent ainsi par le mauvais exemple et ressemblent tout à fait aux singes qui, nés pour imiter sans choix et sans
raison, s'attirent une correction sévère.

« Il est vrai que les ecclésiastiques devraient mieux se conduire ; ils pourraient faire bien des choses à condition de les faire secrètement ; mais ils ne nous ménagent guère, nous autres laïques, et font tout ce qui leur plaît devant nous comme si nous étions aveugles ; mais nous le voyons trop clairement, les vœux qu'ils ont faits plaisent aussi peu à ces messieurs qu'ils plairaient aux pécheurs amoureux des œuvres mondaines. Ainsi, par delà les Alpes, les prêtres ont ordinairement chacun une maîtresse ; de même, dans nos provinces, il n'y en a guère moins qui ne commettent ce péché. On m'a même dit qu'ils ont des enfants comme les personnes mariées, et ils n'épargnent ni soins ni zèle pour les mettre au pinacle. Ceux-ci ne pensent nullement à leur origine, ne cèdent le pas à personne, passent fiers et droits comme s'ils étaient d'une race noble, et pensent que tout cela est légitime. Autrefois, on ne tenait pas tant compte de ces enfants de prêtres ; maintenant, on les appelle tous dames et seigneurs. Vraiment, l'argent est tout-puissant. On aura peine à trouver des principautés où les prêtres ne lèvent pas des impôts et ne mettent à profit les villages et les moulins. Ce sont eux qui pervertissent le monde ; la communauté apprend le mal, car où le prêtre possède, tout le monde pèche, et un aveugle entraîne un autre loin du bien. Qui remarque les bonnes œuvres des prêtres pieux, et comme ils édifient la sainte Église par leur bon exemple ? qui les prend pour modèles ? On se fortifie dans le mal, au contraire. Voilà ce qui se passe dans le peuple ; comment le monde deviendrait-il meilleur ?

« Mais écoutez-moi encore. Quand un enfant n'est pas légitime, qu'y peut-il faire ? Il n'a qu'à se tenir tranquille, car voilà tout ce que je veux dire, comprenez-moi bien. Quand donc un bâtard se conduit humblement et n'irrite pas les autres par sa vanité, cela ne saute pas aux yeux, et on aurait tort de gloser sur ces gens-là. Ce n'est pas la naissance qui nous fait nobles et bons ; on ne peut pas nous en faire une honte. C'est le vice et la vertu qui distinguent les hommes. On honore, et avec raison, des ecclésiastiques bons et bien instruits, mais les mauvais donnent un mauvais exemple. Quand un de ceux-ci prêche les meilleures choses, les laïques se prennent à dire : « Il dit le bien et « fait le mal ; lequel des deux choisir ? » Il ne se dévoue pas à l'Église non plus ; il a beau prêcher : « Imposez-vous et bâtissez des églises, je « vous le conseille, mes chers frères, si vous voulez gagner des grâces « et des indulgences ! » C'est ainsi qu'il termine tous ses sermons, et sa contribution est bien mince, nulle même. S'il n'y avait que lui, l'église tomberait en ruine, car il ne s'inquiète que de vivre le mieux du monde, de se parer de vêtements précieux et de se nourrir de mets délicats. Quand il s'est ainsi préoccupé outre mesure des choses de ce monde, comment pourra-t-il prier et chanter la messe? Un bon prêtre est journellement et à toute heure voué assidûment au service du Seigneur. Il ne songe qu'à faire le bien, il est utile à la sainte Église, il sait guider les laïques, par le bon exemple, sur le chemin du salut jusqu'à la vraie porte. Mais je connais aussi ceux qui sont des hypocrites ; ils ne font que bavarder et criailler pour l'apparence, et recherchent toujours les riches ; ils savent flatter et aiment par-dessus tout à se faire inviter. Si l'on en convie un à sa table, le second vient aussi ; il en vient même encore deux ou trois. Au couvent, celui qui sait bien parler, on l'élève en dignité, il devient lecteur, custode ou prieur; les autres sont mis de côté. Les plats sont inégalement servis; car il y en a qui passent la nuit dans le chœur à chanter, à lire autour des tombeaux, tandis que les autres ont du bon temps, du repos, et mangent les meilleurs morceaux. Et les légats du pape, les abbés, les prieurs, les prélats, les béguines et les moines, qu'il y aurait à dire là-dessus! Partout la devise est : « Donnez-moi le vôtre et laissez-moi le mien. » On en trouverait bien peu, pas sept peut-être, qui mènent une sainte vie, suivant la règle de leur ordre. Voilà comment l'état ecclésiastique est faible et défectueux.

— Mon oncle, dit le blaireau, je trouve étrange que vous confessiez les péchés d'autrui. A quoi cela vous servira-t-il? Il me semble que vous avez assez des vôtres. Dites-moi, mon oncle, qu'avez-vous à vous tourmenter de l'état ecclésiastique, de ceci et de cela? Que chacun porte son fardeau, que chacun réponde de la manière dont il remplit les devoirs de son état; personne ne doit s'y soustraire, ni jeunes, ni vieux, dans le siècle ou bien dans le cloître. Vous parlez trop de toutes sortes de choses et vous pourriez m'induire en erreur à la fin. Vous savez parfaitement le train du monde et l'arrangement de toutes les choses, personne ne ferait un meilleur prêtre. Je devrais venir, avec d'autres ouailles, me confesser près de vous, écouter votre enseignement et puiser à votre sagesse; car, je dois l'avouer, la plupart d'entre nous sont lourds et grossiers et en auraient bien besoin. »

Quand ils approchèrent de la cour, Reineke dit :

12

« Le sort en est jeté ! »

Et il prit son courage à deux mains. Ils rencontrèrent Martin le
singe, qui se mettait en route pour Rome ; il les salua tous deux.

« Mon cher oncle, prenez courage, » dit-il au renard.

Et il l'interrogea sur ce qui lui était arrivé, quoique l'affaire lui fût
parfaitement connue.

Reineke lui dit :

« J'ai été accusé de nouveau par quelques fripons, je ne sais trop
qui ; mais il y a surtout la corneille et le lapin ; l'un a perdu sa femme,
l'autre son oreille. Que m'importe cela ? Si je pouvais seulement parler
au roi en particulier, ils s'en ressentiraient tous les deux. Mais ce qui
me gêne le plus, c'est que je suis encore sous le coup de l'excommunication papale. Et, dans cette affaire, c'est le prieur qui a la haute
main, il est tout-puissant près du roi. J'ai encouru cette excommunication pour Isengrin, qui s'est fait moine dans le temps au
couvent d'Elkmar et qui a jeté le froc aux orties ; il me jurait qu'il ne
pouvait plus vivre ainsi, que la règle était trop sévère, qu'il ne pouvait pas jeûner si longtemps ni prier toujours. Alors, je l'aidai à
s'échapper. J'en suis au regret, car il me calomnie maintenant auprès
du roi et cherche continuellement à me nuire. Je devrais aller à
Rome ; mais dans quel embarras laisserais-je les miens à la maison !
car Isengrin ne manquera pas de les maltraiter partout où il les trouvera. Puis, il y en a tant d'autres qui me veulent du mal et s'attaquent aux miens ! Si j'étais délivré de mon excommunication, ma vie
serait bien plus facile, je tenterais plus à l'aise de refaire fortune à
la cour. »

Martin répliqua :

« Je puis vous aider ; cela se trouve bien ! je m'en vais de ce pas
à Rome et je vous y servirai avec adresse ; je ne vous laisserai pas
opprimer ! Comme secrétaire de l'évêque, il me semble, je connais cette
besogne. Je ferai en sorte que l'on cite le prieur à Rome, c'est moi qui
le combattrai. Voyez-vous, mon oncle, je me charge de l'affaire et je
saurai la mener à bonne fin. Je ferai prononcer le jugement ; à coup
sûr, vous aurez l'absolution, je vous la rapporterai ; vos ennemis n'auront
pas de quoi s'en réjouir, et ils perdront leurs peines et leur argent, car je
connais la marche des affaires à Rome, et je sais ce qu'il y a à dire et à
taire. Il y a là mon oncle Simon, qui est puissant et considéré ; il est
tout au service des bons payeurs ; puis Friponneau, voilà un protecteur !

et le docteur Prendtout et d'autres encore, Tiremanteau et Bellotrouvaille, sont tous de mes amis. J'envoie d'avance mon argent; car, voyez-vous, là, c'est la meilleure manière de se faire connaître. Ils parlent bien de jugements et de citations, mais ils n'en veulent qu'à l'argent. Et, quand l'affaire serait encore plus tortueuse, je la redresserais en payant bien. Apportes-tu de l'argent, tu trouves bon accueil; te manque-t-il, les portes se referment. Restez donc tranquillement au pays, mon oncle; je me charge de votre affaire, je trancherai le nœud. Rendez-vous à la cour, vous y trouverez dame Ruckenau, ma femme; le roi et la reine l'aiment beaucoup. Elle a l'intelligence prompte. Parlez-lui; elle est de bon conseil et aime à s'employer pour ses amis. Vous trouverez là plusieurs parents. Il ne suffit pas toujours d'avoir raison. Vous trouverez près d'elle ses deux sœurs, nos trois enfants et d'autres parents encore, prêts à vous servir, si vous le désirez. Si l'on vous refuse justice, je vous ferai voir ce que je puis faire. Si l'on vous opprime, faites-le-moi savoir rapidement, et je ferai mettre l'interdit sur le royaume, sur le roi, sur les femmes, les hommes et les enfants; il ne sera plus permis de chanter, de dire la messe, de baptiser, d'enterrer. Quoi qu'il arrive, fiez-vous-en à moi là-dessus, mon oncle! le pape est vieux et malade, il ne s'occupe pas des affaires ou en tient peu de compte. C'est le cardinal Immodéré qui a tout pouvoir à la cour; il est jeune, vigoureux, plein de résolution. Il aime une femme de ma connaissance; elle lui remettra une requête. Elle vient toujours à bout de ce qu'elle veut. Son secrétaire, Jean Partie, qui connaît mieux que personne les monnaies anciennes et nouvelles; puis son camarade Lécouteur, qui est un homme du monde; et le notaire Versoreck, bachelier des deux droits, et qui, s'il y reste encore un an, sera consommé dans les écritures pratiques; je les connais tous. Il y a encore deux juges qui s'appellent Moneta et Denarius; quand ils ont décidé, c'est décidé. Voilà quelles sont les ruses et les intrigues que l'on pratique à Rome, à l'insu du pape. Il faut se faire des amis! car c'est par leur moyen que l'on obtient l'absolution de ses péchés et que les peuples sont relevés de l'interdit. Reposez-vous là-dessus, mon très-digne oncle! car le roi sait depuis longtemps que je ne vous laisserai pas périr; j'ai pris votre cause en main, et je la ferai triompher. Qu'il songe, en outre, que beaucoup de seigneurs, et de ses meilleurs conseillers, sont alliés aux singes et aux renards. Cela ne vous nuira pas, quoi qu'il arrive. »

Reineke lui dit :

« Vous me consolez infiniment; comptez sur ma reconnaissance, si je me tire d'affaire cette fois-ci. »

Ils se firent leurs adieux. Reineke continua son chemin et, sans autre escorte que Grimbert le blaireau, s'en alla à la cour du roi, où l'on était bien mal disposé pour lui.

NEUVIÈME CHANT

Reineke va s'agenouiller devant le roi, et, après avoir protesté de son dévouement, présente ses moyens de défense, et termine en offrant de se soumettre à l'épreuve du duel judiciaire. — La guenon prend chaudement le parti de Reineke, et réussit à calmer un peu la colère du roi.

Reineke était donc arrivé à la cour et pensait écarter les griefs qui le menaçaient. Mais, lorsqu'il vit tous ses ennemis réunis autour de lui, tous avides de vengeance et demandant sa mort, le cœur lui faillit ; il se prit à douter ; il n'en passa pas moins avec audace au milieu de tous les barons, Grimbert à ses côtés. Ils arrivèrent auprès du trône du roi ; là, Grimbert lui dit à l'oreille :

« Pas de timidité, Reineke, songez-y : le bonheur n'est pas fait pour les honteux ; les audacieux recherchent le danger et s'y plaisent, ils s'en inspirent pour leur salut. »

Reineke lui dit :

« C'est la vérité ; je vous remercie de tout mon cœur de cet admirable conseil, et, si jamais je rentre dans ma liberté, je vous en témoignerai ma gratitude. »

Il regarda alors autour de lui ; dans la foule se trouvaient beaucoup de ses parents, mais peu de protecteurs ; il ne savait guère les ménager pour la plupart ; car il en faisait des siennes aux loutres et aux castors, aux grands comme aux petits. Pourtant il aperçut encore assez d'amis dans la salle autour du roi.

Reineke s'agenouilla devant le trône et dit prudemment :

« Que Dieu, qui sait tout et qui est tout-puissant, vous garde de tout mal, mon seigneur et roi, et vous aussi, madame, et donne à Vos Majestés la sagesse et la bonté, afin qu'elles discernent avec prudence le juste et l'injuste ; car il y a maintenant bien de la fausseté parmi les hommes. Beaucoup paraissent au dehors ce qu'ils ne sont pas réellement ; oh ! si chacun avait écrit sur le front ce qu'il pense et si le roi pouvait le lire, on verrait bien que je ne mens pas et que je suis toujours prêt à vous servir ! Il est vrai que des méchants m'accusent avec véhémence ; ils voudraient bien me nuire et m'enlever vos bonnes grâces, comme si j'en étais indigne. Mais je connais l'ardent amour de la justice de mon roi, car jamais personne n'a pu le faire sortir du sentier du droit ; et il en sera toujours ainsi. »

Toute l'assemblée se pressa et s'agita ; chacun fut émerveillé de l'audace de Reineke ; chacun voulait l'entendre ; ses crimes étaient connus ; comment pourrait-il échapper au châtiment ?

« Scélérat de Reineke, dit le roi, toutes tes belles paroles ne te sauveront pas cette fois. Elles ne te serviront pas longtemps à te déguiser à force de mensonges et de fourberies, tu touches à ta fin ; car ta fidélité, tu l'as prouvée par ta conduite avec le lapin et la corneille ; cela seul suffirait. Mais tes trahisons sont écrites partout, toutes tes actions sont perfides et tortueuses, mais elles ne dureront pas longtemps ; car la mesure est pleine. Ce sont mes dernières paroles. »

Reineke se dit :

« Que va-t-il m'arriver ? Ah ! si j'étais seulement à la maison ! quel moyen vais-je inventer ? Quoi qu'il arrive, il faut que je franchisse ce pas ; essayons tout. — Puissant roi, noble prince, dit-il, si vous pensez que j'aie mérité la mort, vous n'avez pas considéré l'affaire sous son bon côté ; c'est pourquoi je vous prie de m'entendre avant tout ; je vous ai toujours utilement conseillé ; aux jours de détresse je suis resté près de vous, lorsque d'autres s'éclipsaient, qui se mettent entre nous maintenant pour me perdre et profitent du moment où je suis éloigné. Vous pouvez, sire, décider ce qu'il vous plaira quand j'aurai parlé ; si je suis déclaré coupable, il me faudra bien supporter mon sort. Vous avez peu songé à moi, tandis que je veillais avec le plus grand soin à la garde du pays. Croyez-vous donc que je serais venu à la cour, si j'eusse été coupable d'un grand ou d'un petit méfait ? J'aurais évité soigneusement votre présence et celle de mes ennemis. Non, certainement tous les trésors du monde ne m'auraient pas fait quitter ma forteresse pour venir ici; là, j'étais libre et sur mon terrain. Mais, comme je n'ai conscience d'aucun mal, je suis venu à la cour. J'étais justement occupé à faire sentinelle, lorsque mon neveu m'apporta l'injonction de me rendre ici. Je venais de méditer de nouveau sur les moyens de me relever de l'excommunication. J'ai conféré là-dessus avec Martin, et il m'a promis devant Dieu de me délivrer de ce fardeau : « J'irai à Rome, » m'a-t-il dit, « je me charge entièrement de cette affaire; retournez à la cour, « vous serez relevé de l'interdit. » Voyez! voilà le conseil que m'a donné Martin, et il doit s'y entendre; car l'excellent évêque, le seigneur Sans-raison, ne peut pas s'en passer; depuis cinq ans, il est son secrétaire pour les affaires contentieuses. Voilà comment je suis venu ici, où je trouve griefs sur griefs. Le lapin me calomnie; mais Reineke est présent maintenant : qu'il paraisse devant moi! car il est certes facile de se plaindre des absents, mais il faut entendre la contre-partie avant de porter un jugement définitif. Les hypocrites! cette corneille et ce lapin, ils n'ont pas eu à se plaindre de moi, par ma foi! car, avant-hier matin, de très-bonne heure, le lapin me rencontre et me salue; je venais de me placer sur le seuil de mon château et j'y récitais les prières du matin. Il me dit qu'il allait à la cour : « Dieu soit avec vous! » lui répondis-je; là-dessus, il se plaignit d'être las et affamé. Je lui deman-dai amicalement s'il voulait manger : « J'accepterai avec reconnais-« sance, » répliqua-t-il. « Je vous l'offre de tout mon cœur, » lui dis-je. J'entrai avec lui et lui servis sans retard des cerises et du beurre; le mercredi, je ne mange pas de viande. Et il se rassasiait avec du pain, du beurre et des fruits, lorsque entra mon fils, le plus petit, pour voir s'il ne restait rien sur la table, car les enfants aiment à manger, et le petit mit la patte dans le plat. Alors le lapin lui donna une tape sur la gueule et lui mit les dents et les lèvres tout en sang. Reinhart, mon autre petit, vit le coup et sauta à la gorge du lapin et se mit en devoir de venger son frère. Voilà ce qui est arrivé, ni plus ni moins; je me dépêchai d'accourir, je punis les enfants et je séparai avec peine les deux combattants. S'il a attrapé quelques mauvais coups, il n'a rien à dire, car il en avait mérité bien d'autres; et, si j'avais eu mauvaise intention, mes petits tout seuls en seraient bien vite venus à bout. Et voilà comme il m'en récompense! Je lui ai arraché une oreille, dit-il; je l'ai reçu avec honneur et il en porte les marques. Plus tard, la cor-neille vint me trouver et se plaignit d'avoir perdu son épouse, qui

serait morte d'indigestion pour avoir mangé un assez gros poisson avec
toutes ses arêtes. Où cela est-il arrivé? C'est ce qu'il sait mieux que
personne. Maintenant il prétend que je l'ai tuée, et c'est lui qui l'a
tuée, et, si on le faisait déposer sérieusement et qu'on me permît d'en
faire autant, la corneille parlerait tout autrement. Car les oiseaux volent
si haut, qu'il n'y a pas de sauts qui puissent les atteindre. Si quelqu'un
veut m'accuser de pareils méfaits, qu'il ait au moins des témoins honnêtes et valides; car c'est ainsi que l'on procède contre un gentilhomme,
et j'ai droit d'y compter. Mais, s'il ne s'en trouve pas, il y a un autre
moyen. Me voici ! je suis prêt à combattre en champ clos ! que l'on
désigne le jour et le lieu; qu'il se présente ensuite un digne champion,
mon égal par la naissance, et que chacun maintienne son droit; que
l'honneur reste à celui qui l'aura gagné; c'est un droit qui est acquis
depuis longtemps, et je ne demande rien de plus. »

Tout le monde entendit avec la plus extrême surprise les paroles
pleines de hauteur que Reineke venait de prononcer. La corneille et le
lapin, saisis de frayeur, s'éclipsèrent sans oser souffler un seul mot. En
s'en allant, ils disaient entre eux :

« Il serait peu prudent de lui tenir tête. Nous aurions beau tout
tenter, nous n'en viendrions pas à bout. Quels témoins avons-nous?
Nous étions seuls avec le scélérat. En fin de compte, c'est toujours nous
qui payerions les pots cassés. Que le bourreau lui fasse payer un jour
tous ses crimes et le récompense comme il le mérite! Il nous offre le
combat; nous pourrions nous en trouver mal. Vraiment, non, il n'y
faut pas songer, car nous savons combien il est rusé, souple et perfide.
Il ferait façon de cinq comme nous , et encore le payerions-nous
cher. »

Pour Isengrin et Brun, ils n'étaient pas à leur aise; ils virent avec
déplaisir la fuite des deux accusateurs. Le roi dit :

« S'il y a encore d'autres personnes qui aient des griefs, qu'elles
viennent; nous les entendrons. Hier, il y en avait tant qui criaient;
voici l'accusé, où sont-ils? »

Reineke dit :

« Il en est toujours ainsi; on accuse celui-ci et celui-là ; et, lorsqu'ils
se présentent, on se tient chez soi. Ces deux traîtres, la corneille et le
lapin , auraient bien voulu m'humilier et me nuire; mais je leur pardonne; à peine je parais, ils se ravisent et s'enfuient. Comme je les ai
confondus! vous voyez combien il est dangereux de prêter l'oreille aux

calomniateurs de vos serviteurs qui sont éloignés. Ils faussent la loi et sont l'horreur des bons. Pour moi, cela me touche peu, c'est pour les autres que je le déplore.

« Écoute-moi, dit le roi, traître que tu es ! Dis, qui t'a poussé à tuer si misérablement le fidèle Lampe, mon courrier ordinaire ? Ne t'avais-je pas tout pardonné, quelque grands qu'eussent été tes crimes ? Tu as reçu de mes mains la besace et le bâton de pèlerin ; ainsi équipé, tu devais partir pour Rome et la terre sainte ; je ne t'ai rien refusé, et j'espérais que tu t'amenderais. Maintenant, pour commencer, tu as tué Lampe ; puis tu fais de Bellyn un messager qui m'apporte sa tête dans la besace et me dit devant tout le monde qu'il m'apporte des lettres que vous avez écrites ensemble, et que c'est lui qui a tout conseillé, et je trouve dans la besace la *tête du pauvre Lampe*, ni plus ni moins. C'est un défi que vous m'avez jeté. J'ai gardé Bellyn en otage ; il a perdu la vie ; c'est à ton tour maintenant. »

Reineke dit :

« Qu'entends-je ?... Lampe est-il mort ? et ne dois-je plus voir Bellyn ? Que vais-je donc devenir ? Oh ! pourquoi ne suis-je pas mort ? Hélas ! avec eux, je perds le plus grand des trésors ! car je vous envoyais par eux des joyaux, les plus *beaux qu'il y ait au monde*. Qui aurait jamais cru que le bélier tuerait Lampe et vous volerait ces trésors ? Il faut donc se défier là même où personne ne soupçonnerait des ruses et des dangers ! »

Dans sa colère, le roi n'entendit pas tout ce que Reineke avait dit. Il se retira dans son appartement sans avoir saisi clairement ses dernières paroles ; il était résolu à le punir de mort. Il trouva justement dans son appartement la reine avec dame Ruckenau ; la guenon était particulièrement chère au roi et à la reine ; cette circonstance ne devait pas nuire à Reineke. Elle était instruite, sage et éloquente ; partout où elle paraissait, elle faisait grand effet et recevait de grands honneurs. Elle remarqua la colère du roi et lui parla ainsi :

« Sire, quand vous daignez me prêter l'oreille sur ma prière, vous ne vous en êtes jamais repenti, et, quand vous êtes courroucé, vous me pardonnez d'oser vous dire une parole de clémence. Veuillez donc m'entendre encore aujourd'hui, quoiqu'il s'agisse de quelqu'un de ma famille. Qui peut donc renier les siens ? Reineke, malgré tout, est mon parent, et, si je dois avouer ce que je pense de sa conduite, j'ai là meilleure opinion de sa pensée, puisqu'il se présente devant la justice. Son père, que votre père a comblé de faveurs, a eu aussi beaucoup à

13

souffrir des mauvaises langues et des calomniateurs. Mais il les a toujours confondus. Aussitôt qu'on approfondissait l'affaire, tout s'éclair-
cissait : ses envieux lui faisaient un crime même de ses services. C'est
ainsi qu'il a toujours joui à la cour de plus de considération que Brun

La maison était particulièrement chère au roi et à la reine

et qu'Isengrin; car il serait à désirer pour ces derniers qu'ils eussent su
écarter aussi tous les griefs dont on les charge si souvent; mais ils n'en-
tendent pas grand'chose à la loi, à en juger par leurs conseils et par
leurs actions. »

Le roi lui répliqua :

« Comment pouvez-vous être étonnée que j'en veuille à Reineke, ce
brigand, qui vient de tuer Lampe, de séduire Bellyn, et qui, avec plus

d'audace que jamais, nie tout et ose se vanter d'être un honnête et fidèle serviteur, tandis que tous ensemble l'accusent, avec des preuves qui ne sont que trop claires, d'avoir méprisé mon sauf-conduit et d'avoir pillé, volé tout le pays, ot mis à mort mes sujets? Non, je ne le souffrirai pas plus longtemps. »

La guenon lui répliqua :

. « Certes, il n'est pas donné à tout le monde d'agir et de conseiller avec prudence en pareil cas, et celui qui réussit mérite toute confiance ; mais les envieux cherchent à lui nuire secrètement; puis, quand ils sont en nombre, ils paraissent au grand jour. C'est ce qui est arrivé plus d'une fois à Reineke ; mais ils n'effaceront pas le souvenir des sages conseils qu'il vous a donnés, lorsque tout le monde se taisait. Vous rappelez-vous (il n'y a pas longtemps de cela) quand l'homme et le serpent se présentèrent devant vous et que personne ne savait comment arranger ce procès? Reineke y parvint; et vous l'en avez complimenté devant tout le monde. »

Le roi répondit après un moment de réflexion :

« Je me rappelle bien cette affaire, mais j'en ai oublié les détails ; elle était embrouillée, il me semble. Si vous la savez encore, contez-la-moi, cela me fera plaisir. »

Et la guenon dit :

« Puisque le roi l'ordonne, j'obéis. Il y a juste deux ans, un serpent comparut devant vous, sire, en se plaignant amèrement qu'un paysan ne voulait pas lui rendre justice, quoiqu'il eût été condamné déjà en deux instances. Il amena le paysan devant votre cour de justice et exposa l'affaire avec beaucoup de vivacité.

« Le serpent, en voulant passer à travers une haie, s'était pris dans un lacet qui y était tendu; le nœud se resserra et le serpent allait y périr, lorsque, par bonheur pour lui, un voyageur vint à passer; dans sa détresse, il lui cria : « Prends pitié de moi, délivre-moi, je t'en « supplie! » L'homme lui dit : « Je veux bien te délivrer, car tu me fais « pitié; mais jure-moi auparavant de ne pas me faire de mal. » Le serpent ne demanda pas mieux, jura par ce qu'il y a de plus sacré de ne faire aucun mal à son libérateur, et l'homme le dégagea.

« Ils marchèrent ensemble un bout de chemin; le serpent commença à souffrir de la faim, il se jeta sur l'homme et voulut le dévorer; le malheureux ne lui échappa qu'à grand'peine. « Voilà donc mon salaire « et la reconnaissance que j'ai méritée, s'écria l'homme. N'as-tu donc

« pas juré par ce qu'il y a de plus sacré ? » Le serpent lui dit : « Ce
« n'est pas de ma faute; c'est la faim qui m'y pousse; nécessité n'a pas
« de loi, je suis dans mon droit. » L'homme lui répliqua : « Épargne-moi
« jusqu'à ce que nous arrivions auprès de gens qui nous jugeront
« impartialement. » Et le serpent dit : « Je patienterai jusque-là. »

« Ils continuèrent leur chemin et trouvèrent de l'autre côté de l'eau
le corbeau Tirebourse avec son fils. Le serpent les appela et leur dit :
« Venez et écoutez ! » Le corbeau écouta gravement l'affaire et décida
sur-le-champ qu'il fallait manger l'homme; il espérait en attraper un
morceau. Le serpent ne se sentit pas de joie : « J'ai gagné, dit-il, per-
« sonne n'a rien à y redire. — Non, répliqua l'homme, je n'ai pas
« entièrement perdu : est-ce à un brigand à me condamner à mort?
« est-ce à un seul à décider? J'en appelle suivant la procédure; portons
« l'affaire devant un tribunal de quatre ou de dix personnes. »

« — Allons, » dit le serpent.

« Ils allèrent, rencontrèrent le loup et l'ours, et tous se réunirent.
L'homme avait tout à craindre; il y avait quelque danger à se trouver un contre cinq avec de pareils personnages, car il avait autour de
lui le serpent, le loup, l'ours et les deux corbeaux. Il avait assez peur,
et le loup et l'ours ne furent pas longtemps sans rendre ainsi leur jugement : « Le serpent peut tuer l'homme; la faim ne reconnaît pas la
« loi : la nécessité délie de tout serment. » Le voyageur fut dans une
grande détresse, car ils en voulaient tous à sa vie. Le serpent, avec un
sifflement horrible, se jeta sur lui en lui lançant son venin; le pauvre
homme l'esquiva avec terreur. « C'est une grande injustice que tu com-
« mets, lui cria-t-il; qui est-ce qui t'a rendu maître de ma vie? — Tu
« l'as entendu, répliqua le serpent, les juges en ont décidé deux fois et
« deux fois tu as perdu. » L'homme répondit : « Ce sont des voleurs et
« des assassins; je ne les reconnais pas pour juges. Allons trouver le roi;
« quelle que soit sa décision, je l'accepte; je serai bien malheureux, si je
« perds encore, mais je m'y soumettrai. » L'ours et le loup lui dirent en
raillant : « Tu n'as qu'à essayer, le serpent gagnera, il ne demande pas
« mieux. » Car ils pensaient que tous les seigneurs de la cour jugeraient
comme eux, et ils reprirent gaiement leur chemin avec le voyageur. Ils
comparurent tous devant vous; le serpent, le loup, l'ours et les deux
corbeaux. Le loup comparut même en trois personnes; il avait pris
avec lui ses deux enfants, l'un Ventrevide et l'autre l'Insatiable. Ces
deux derniers donnaient fort à faire à l'homme; ils étaient venus pour

prendre aussi leur part, car ils sont très-gloutons, et ce jour-là ils hur-
lèrent devant vous avec une grossièreté si insupportable, que vous fîtes
chasser de la cour ces deux lourdauds.

« L'homme en appela à Votre Majesté; il raconta comment le serpent avait voulu le tuer, malgré le bienfait rendu et son serment qu'il
oubliait. Il implorait protection : de son côté, le serpent ne niait rien;
il ne faisait valoir que la nécessité toute-puissante de la faim, qui ne
connaît pas de loi. Sire, votre embarras était grand; l'affaire vous semblait bien épineuse et bien difficile à décider en bonne justice, car il
paraissait dur de condamner l'homme, qui s'était montré bon et secou-
rable; mais, d'un autre côté, vous pensiez à la faim si terrible. Vous
convoquâtes votre conseil. L'opinion de la plupart n'était pas favorable
à l'homme, car ils pensaient prendre leur part du festin du serpent.
Votre Majesté fit mander Reineke, car tous les autres parlaient beaucoup sans pouvoir vider le procès selon le droit. Reineke vint et se fit
rendre compte de l'affaire; c'est à lui que vous remîtes le jugement à
prononcer, et sa décision devait être sans appel. Reineke dit après une
réflexion : « Je trouve, avant tout, nécessaire de visiter les lieux, et,
« quand je verrai le serpent pris au lacet comme l'a trouvé le paysan,
« alors je prononcerai le jugement. » On lia donc le serpent dans la haie
à la même place. Reineke dit alors : « Les voilà donc tous les deux
« dans l'état où ils se trouvaient avant le procès, et aucun des deux n'a
« gagné ni perdu. Maintenant, la justice va se montrer d'elle-même; car,
« si l'homme le veut, il peut encore délivrer le serpent; sinon, il n'a qu'à
« le laisser; quant à lui, il est libre de continuer son chemin et d'aller à
« ses affaires. Comme le serpent s'est montré ingrat et perfide, l'homme
« est bien libre dans son choix. Cela me paraît la véritable justice; que
« celui qui en sait une meilleure nous le dise. » Ce jugement plut alors à
tout le monde, à vous, sire, et à vos conseillers; le paysan vous remercia, et chacun vanta la sagesse de Reineke, la reine toute la première.
On remit bien des choses sur le tapis à ce sujet; on dit qu'Isengrin et
Brun convenaient mieux à la guerre; qu'ils étaient craints au loin; qu'ils
aimaient à se trouver au pillage; qu'ils étaient grands, forts et vaillants,
on ne pouvait pas le nier, mais qu'au conseil ils manquaient souvent de
la prudence nécessaire : car ils ont l'habitude de se fier à leur force;
une fois en campagne, quand il faut se mettre à l'œuvre, tout cloche
furieusement. On ne peut pas être plus vaillants qu'ils ne le sont à la
maison; à l'armée, ils aiment beaucoup à rester en embuscade. Quand

il s'agit de frapper fort, ils sont aussi bons que d'autres. Les loups et
les ours ruinent le pays; peu leur importe à qui est la maison que la
flamme dévore, pourvu qu'ils se chauffent au brasier; ils ne prennent
pitié de personne, pourvu que leurs gosiers se remplissent. Ils avalent
les œufs et en laissent les coquilles aux pauvres diables, et ils croient
avoir partagé en honnêtes gens. Reineke, au contraire, est sage et de
bon conseil, ainsi que toute sa famille, et, s'il a péché, sire, c'est qu'il
est de chair et d'os. Mais jamais un autre ne vous conseillera aussi bien.
Pardonnez-lui donc, je vous en prie. »

Le roi lui répondit :

« Cela mérite réflexion. L'affaire se passa comme vous venez de le
raconter, le serpent fut puni. Mais Reineke n'en demeure pas moins,
au fond, un fripon incorrigible. Si l'on contracte un traité d'alliance
avec lui, on est toujours sa dupe à la fin, car il se tire d'affaire avec
tant de ruse! qui peut lui tenir tête? Le loup, l'ours, le chat, le lapin
et la corneille ne sont pas de force. Il finit toujours par les jouer. Il ôte
à l'un l'oreille, à l'autre l'œil, au troisième la vie; vraiment je ne sais
comment vous pouvez parler en faveur de ce méchant et prendre sa
cause en main.

— Sire, répliqua la guenon, je ne peux pas le cacher; il est de
race noble et sa famille est nombreuse, veuillez le considérer. »

Le roi se leva alors, et quitta l'appartement de la reine; toute la
cour était réunie et l'attendait; il vit autour de lui les plus proches
parents de Reineke qui étaient venus en grand nombre pour protéger
leur cousin; il serait difficile d'en faire le dénombrement. Il considéra
toute cette grande famille d'un côté, et, de l'autre, les ennemis de
Reineke : la cour semblait partagée en deux camps.

Le roi dit alors :

« Écoute-moi, Reineke; peux-tu te laver des crimes que tu as commis, en tuant, avec l'aide de Bellyn, mon fidèle Lampe, et en m'envoyant
sa tête dans la besace, comme si c'étaient des lettres? Vous l'avez fait
pour m'insulter; j'ai déjà puni Bellyn; le même sort t'attend.

— Malheur à moi! s'écria Reineke. Pourquoi ne suis-je pas mort?
Écoutez-moi, et qu'il en soit ce que vous voudrez ; si je suis coupable,
tuez-moi sur-le-champ. Aussi bien je ne pourrai jamais sortir de peine
et de détresse : je suis un homme perdu; car ce traître de Bellyn m'a
ravi les plus grands trésors que jamais un mortel ait vus. Hélas! ils
coûtent la vie à Lampe! Je les avais confiés à tous deux, mais Bellyn

s'est emparé de tous ces joyaux. Encore, si on pouvait les retrouver à force de recherches! mais, je le crains, personne ne les trouvera; ils resteront perdus à jamais! »

La guenon répliqua :

« Pourquoi désespérer? S'ils sont sur la terre, tout espoir n'est pas perdu. Nous chercherons du soir au matin, et nous interrogerons avec soin prêtres et laïques; mais dites-nous comment étaient ces trésors. »

Reineke dit :

« Ils étaient si précieux, que nous ne les retrouverons jamais; celui qui les possède les gardera certainement. Comme dame Ermeline va se désoler à cette nouvelle! Elle ne me le pardonnera jamais; car elle m'avait conseillé de leur confier ces précieux joyaux. Maintenant, on m'accable de faussetés et on m'accuse; mais je maintiens mon droit; j'attends mon jugement, et, si je suis absous, je voyagerai par tous pays pour retrouver ces trésors, quand je devrais y perdre la vie! »

DIXIÈME CHANT

Reineke accuse le bélier d'avoir tué le lièvre pour lui dérober les présents magnifiques que lui, Reineke, envoyait au roi dans la besace, et notamment une bague, un peigne et un miroir doués de propriétés merveilleuses. — Il rappelle ensuite les services qu'il a eu l'occasion de rendre à Sa Majesté. — Le roi se montre disposé à faire de nouveau grâce à Reineke, à la condition que celui-ci se mettra en quête des fameux bijoux; mais le loup demande la parole pour articuler contre le fourbe de nouveaux chefs d'accusation.

« O mon roi! ajouta l'astucieux orateur, permettez-moi, noble prince, de raconter à mes amis quels cadeaux précieux je vous avais destinés; quoique vous ne les ayez pas reçus, mon intention n'en était pas moins louable.

— Dis-le, répondit le roi; mais sois bref.

— Hélas! vous allez tout savoir, dit Reineke d'un air triste. Le premier de ces joyaux précieux était une bague; je la remis à Bellyn, qui devait la donner au roi. Cette bague était d'une structure fantastique; elle était en or fin et digne de briller dans le trésor de mon roi. A l'intérieur, du côté qui touchait au doigt, étaient gravées des lettres entrelacées; c'étaient trois mots hébreux d'une signification toute particulière. Personne n'aurait pu les expliquer dans nos pays. Maître Abryon de Trèves lui seul avait pu les lire. C'est un juif fort instruit qui sait toutes les langues que l'on parle, du Poitou jusqu'au Luxembourg, et ce juif a une science toute spéciale des herbes et des pierres. Lorsque je lui montrai cette bague, il me dit : « Bien des choses précieuses sont « cachées là-dessous. Les trois noms gravés ont été apportés du paradis

« par Seth le Pieux, lorsqu'il cherchait l'huile de miséricorde; et celui
« qui porte cette bague au doigt est à l'abri de tout danger; rien ne peut
« le blesser, ni tonnerre, ni éclairs, ni magie. » Le maître ajouta qu'il
avait lu qu'avec cette bague on ne gelait pas par le froid le plus horrible et qu'on atteignait une tranquille vieillesse. La bague avait pour
chaton une pierre précieuse; c'était une escarboucle qui brillait la nuit
et montrait clairement les objets. Cette pierre avait mainte vertu : elle
guérissait les malades; celui qui la touchait se sentait libre de toute
peine, de toute détresse; il n'y avait que la mort qui ne se laissât pas
charmer. Le maître me révéla, en outre, les autres vertus de cette pierre.
Celui qui la possède voyage heureusement par tous pays; il n'a rien
à craindre de l'eau et du feu; il ne peut être ni pris ni trahi, et il
échappe toujours au pouvoir de son ennemi : il n'a qu'à regarder cette
pierre à jeun, un jour de bataille, et il terrassera ses ennemis par cen-
taines; la vertu de cette pierre neutralise l'effet du poison et de tous les
sucs nuisibles. Elle détruit également la haine, et ceux qui, auparavant,
n'aimaient pas le possesseur de la bague, sentent leur cœur se changer
en peu d'instants. Qui pourrait compter toutes les vertus de cette pierre
que j'avais trouvée dans le trésor de mon père, et que je voulais envoyer
au roi? car je n'étais pas digne d'une bague aussi précieuse; je le savais
très-bien. Elle doit appartenir, me disais-je, à celui qui est le plus
grand de tous; notre bien-être ne repose que sur lui; et j'espérais garder ses jours de tout mal.

« Bellyn devait, en outre, porter aussi à la reine un peigne et un
miroir pour me rappeler à son souvenir. Je les avais pris dans le temps
au trésor de mon père pour les avoir avec moi; il n'y a pas sur terre
de les belle œuvre d'art! Oh ! combien de fois ma femme essaya-t-elle
de les avoir! elle ne demandait pas autre chose de toutes les richesses
de la terre; et, malgré ses prières et ses reproches, elle ne put jamais
les obtenir. Mais j'envoyai alors le peigne et le miroir en bonne justice
à la reine, ma très-gracieuse souveraine, qui m'a toujours comblé de
bienfaits et préservé de tout malheur; souvent elle a dit un petit mot en
ma faveur; elle est noble, de haute naissance; elle est parée de toutes
les vertus, et l'ancienneté de sa race se voit dans ses paroles et dans
ses actions. Elle était digne du peigne et du miroir. Malheureusement
elle ne les a pas vus; ils sont perdus pour jamais.

« Maintenant parlons du peigne. L'artiste l'avait fait d'os de panthère, les restes de cette noble créature qui demeure entre l'Inde et le

14

paradis; toutes sortes de couleurs parent sa robe, qui répand de doux
parfums partout où elle va. C'est pourquoi tous les animaux aiment
tant la suivre à la piste; car ils respirent la santé dans ce parfum; ils
le sentent et le confessent tous. C'était donc avec ces os de panthère que
ce beau peigne avait été artistement fabriqué; il était brillant comme de
l'argent, d'une blancheur et d'une pureté inexprimables, et l'odeur du
peigne était plus parfumée que la cannelle et que l'œillet. Quand la panthère meurt, cette bonne odeur se répand dans tous ses os, s'y fixe et
les empêche de se corrompre; elle chasse toute épidémie et neutralise
tout poison. En outre, sur le dos du peigne, on voyait les plus déli-
cieuses figurines en relief entremêlées d'arabesques d'or et de lapis-lazuli.
Dans le centre, l'artiste avait représenté l'histoire de Pâris le Troyen,
le jour où, près d'une fontaine, il vit devant lui trois déesses qu'on
nommait Pallas, Junon et Vénus. Elles se disputèrent longtemps à qui
posséderait la pomme d'or qui leur avait appartenu jusqu'à présent à
toutes les trois. Enfin, elles se comparèrent et Pâris devait donner la
pomme à la plus belle, qui, seule, devait la posséder. Et le jeune berger les regardait tout en réfléchissant. Junon lui disait : « Si je reçois
« la pomme, si tu me reconnais pour la plus belle, tu seras le plus riche
« des hommes. » Pallas répliquait : « Songes-y bien ; donne-moi la pomme
« et tu deviendras le mortel le plus puissant ; ton nom seul fera trem-
« bler amis et ennemis. » Vénus dit : « A quoi bon la puissance? à quoi
« bon les trésors? ton père n'est-il pas le roi Priam? tes frères, Hector et
« les autres, ne sont-ils pas riches et puissants sur la terre? Troie n'est-
« elle pas protégée par son armée, et n'avez-vous pas soumis le pays
« tout autour et des peuples lointains? Si tu veux me proclamer la plus
« belle et m'adjuger la pomme, je te donnerai le plus magnifique trésor
« qu'il y ait sur la terre. Ce trésor, c'est la plus belle de toutes les femmes.
« Vertueuse, noble et sage, qui pourrait la louer dignement? Donne-moi
« la pomme et tu posséderas l'épouse du roi grec, la belle Hélène, le tré-
« sor des trésors. » Et Pâris lui donna la pomme et la proclama la plus
belle. En revanche, Vénus l'aida à enlever la belle reine, la femme de
Ménélas, qui devint la sienne à Troie. Voilà l'histoire qui était en relief
au milieu du peigne, et tout autour il y avait des écussons remplis de
devises artistement écrites ; on n'avait qu'à les lire et on comprenait
toute la fable.

    « Écoutez maintenant ce que j'ai à vous dire du miroir. En place
de verre, il était fait d'une seule aigue-marine d'une beauté et d'une

pureté admirables; tout s'y reflétait, même à une lieue de distance, la nuit aussi bien que le jour. Et, si quelqu'un avait sur la figure une faute, quelle qu'elle fût, une petite tache dans l'œil, il n'avait qu'à se regarder dans le miroir, à l'instant même tous les défauts, toutes les laideurs disparaissaient. Est-il étonnant que je me désole d'avoir perdu un pareil miroir? On avait pris pour faire la table un bois précieux, solide et éclatant qu'on appelle séthym; les vers ne le piquent pas et il est plus estimé que l'or, à juste titre; après lui vient l'ébène. C'est de ce bois-là que jadis un excellent artiste fit, sous le roi Krompardès, un cheval doué d'une étrange propriété : il ne lui fallait qu'une heure pour faire cent lieues. Je ne peux pas raconter à présent cette histoire dans tous ses détails; le fait est qu'il n'y eut jamais de pareil cheval depuis que le monde est monde. La largeur du cadre de ce miroir était d'un pied et demi; il était orné de ciselures pleines d'art et sous chaque tableau le sujet était écrit en lettres d'or, comme il convient. Je vais vous les raconter en peu de mots. Le premier représentait le cheval envieux : il avait voulu disputer de vitesse avec le cerf. Mais il était resté en arrière et grande était sa douleur. Il s'en alla trouver un berger et lui dit : « Je ferai ton bonheur, si tu m'obéis promptement. Mets-toi « sur mon dos; je te porterai. Un cerf vient de se cacher là dans la forêt; «. il faut le prendre; tu vendras chèrement sa chair, sa peau et son bois. « Enfourche-moi ! nous allons courir après lui. — Je veux bien l'essayer, » dit le berger. Il le monta et ils partirent. Ils aperçurent le cerf en peu de temps, le suivirent rapidement et se mirent à le chasser; il avait l'avance, le cheval se dégoûta bientôt de la besogne et dit à l'homme : « Descends, je suis fatigué; j'ai besoin de repos. — Non, vraiment, » répliqua l'homme. « Tu m'obéiras et tu sentiras mes éperons; car c'est « toi qui m'as appris à te chevaucher. » Et voilà comment l'homme dompta le cheval. Voyez ! telle est la récompense de celui qui cherche à grand'-peine à nuire aux autres et s'attire lui-même toutes sortes de maux.

« Je continue à vous expliquer ce qui était représenté sur le cadre du miroir : comme quoi un âne et un chien étaient tous deux au service d'un richard. Le chien était naturellement le favori; car il assista aux repas de son maître, mangeait avec lui du poisson et de la viande et reposait même quelquefois sur les genoux de son protecteur, qui s'amusait à lui donner du pain blanc : et le chien, en reconnaissance, remuait la queue et lui léchait la main. L'âne Boldewyn, voyant le bonheur du chien, devint triste dans son cœur, et se dit : « A quoi

« donc pense notre maître d'accabler de tant d'amitiés cette bête inutile
« qui saute sur lui et lui lèche la barbe, tandis que c'est à moi de tra-
« vailler et de traîner les sacs? Qu'il essaye seulement de faire en une
« année avec cinq et même dix chiens autant de besogne que j'en fais dans
« un mois! Et pourtant c'est à lui qu'on donne les meilleurs morceaux,
« et moi, l'on me nourrit de paille; on me laisse coucher à plato terre, et,
« que je sois attelé ou monté, je suis partout un objet de raillerie. Je ne
« peux ni ne veux le supporter plus longtemps; je veux aussi m'attirer
« les bonnes grâces du maître. » Tout en se parlant ainsi, il vit son maître
qui passait près de lui. L'âne alors se mit à lever la queue et à sauter
sur son maître en criant, chantant et braillant à toute force; il lui
léchait la barbe, et, tout en cherchant à le caresser à la façon du chien,
lui fit mainte bosse à la tête. Le maître, plein d'effroi, s'en débarrassa
avec peine et s'écria : « Arrêtez cet âne, assommez-le ! » Les valets
accoururent; il reçut une grêle de coups jusqu'à l'écurie, où il resta un
âne comme devant. Il y en a encore beaucoup de son espèce qui
jalousent la fortune des autres et ne s'en trouvent pas mieux. Si l'un
d'eux arrive jamais dans une haute position, il y fait aussi bonne figure
qu'un porc qui voudrait manger son potage avec une cuiller. En-vérité,
c'est la même chose. Que l'âne porte les sacs au moulin, qu'il couche
sur la paille et mange des chardons. Si on veut le traiter d'autre sorte,
il n'en reste pas moins un âne. Quand un âne arrive au pouvoir, il y a
peu de bien à en attendre; il ne cherche que son intérêt; que lui importe
le reste?

« Je vous dirai, en outre, sire, si toutefois mon récit ne vous
ennuie pas, qu'il y avait encore, sur le cadre du miroir, en relief, avec
des légendes, l'histoire de mon père avec Hinzé. Ils avaient fait alliance
ensemble pour courir les aventures, et ils avaient fait serment tous les
deux de s'entr'aider vaillamment dans le danger et de partager le butin.
Une fois en campagne, ils aperçurent des chiens et des chasseurs à peu
de distance du chemin. Le chat dit : « C'est ici qu'une bonne idée serait
« précieuse ! » Mon père répliqua : « Le cas est pressant, mais mon sac
« est encore plein d'idées excellentes, et nous tiendrons notre serment de
« ne pas nous quitter; c'est ce qui doit passer avant tout. » Hinzé répondit : « Advienne que pourra, je sais un bon moyen et je vais l'em-
« ployer. » Et il grimpa vite sur un arbre pour échapper aux chiens, et
planta là son compagnon. Mon père restait donc seul dans sa détresse ;
les chasseurs arrivèrent. Hinzé lui dit : « Eh bien, mon oncle, comment

« cela va-t-il? Ouvrez donc votre sac! S'il est plein de bons tours, c'est
« maintenant qu'il faut s'en servir : le moment est arrivé. » Les chasseurs
donnèrent du cor et s'appelèrent entre eux. Mon père se mit à courir,
le chiens le poursuivirent avec force aboiements : il crinit de peur et jeta

« Arrêtez cet âne, assommez-le! »

son lest plus d'une fois; il s'en trouva plus léger et échappa à ses ennemis. Vous venez de l'entendre, il avait été trahi d'une manière infâme
par son plus proche parent en qui il avait toute confiance. Il manqua
d'y perdre la vie; car les chiens étaient si vites, que c'en était fait de
lui s'il ne s'était pas souvenu d'une caverne où il se glissa et où ses
ennemis le perdirent de vue. Il y a encore bien des gens qui se conduisent comme Hinzé s'est conduit jadis avec mon père; comment puis-.

je l'aimer et l'honorer? Il est vrai que je lui ai à moitié pardonné, mais
il en reste encore quelque chose. Tout cela était représenté sur le miroir
avec des figures et des mots.

« On y voyait encore un tour de la façon du loup, qui montre sa

reconnaissance pour le bien qu'on lui a fait. Il avait trouvé dans un
pâturage un cheval dont il ne restait que les os; mais il était affamé :
il se jeta dessus comme un glouton, et un os se mit en travers dans son
gosier. Il se trouvait fort embarrassé, il était dans un mauvais cas. Il
envoya message sur message pour appeler les médecins; personne ne
put le secourir, quoiqu'il eût offert à tous une grande récompense. A
la fin, il se présenta une grue avec un béret rouge sur la tête.

« Le malade la supplia en ces termes : « Docteur, enlevez-moi vite
« ma douleur ! je vous donne pour l'extraction de cet os tout ce que vous
« pouvez désirer. » La grue crut à ces belles paroles; elle fourra son bec
avec sa tête dans la gueule du loup et en retira l'os. « Malheureux! »
hurla le loup, « tu me fais mal. Je souffre ! que cela ne t'arrive plus; je te
« pardonne aujourd'hui. Si c'était un autre, je ne l'aurais pas supporté

« aussi patiemment. — Soyez tranquille, repartit la grue, vous voilà
« guéri ; donnez-moi la récompense que j'ai méritée, puisque je vous ai
« tiré d'affaire. — Entendez-vous ce fou ! dit le loup ; c'est moi qui ai à
« me plaindre ; il demande une récompense, et il oublie la grâce que je
« viens de lui faire ! Ne lui ai-je pas laissé retirer de ma gueule son
« bec et sa tête sains et saufs? le drôle ne m'a-t-il pas fait souffrir? Puis-
« qu'il s'agit de récompense, c'est moi vraiment qui devrais en exiger
« une. » Voilà comment les fripons agissent avec leurs serviteurs.

   « Ces histoires et d'autres encore, sculptées artistement, ornaient
le cadre du miroir avec maintes arabesques et des légendes en or. Je ne
me trouvais pas digne d'un joyau aussi précieux, je suis trop peu de
chose ; je l'envoyai, par conséquent, à madame la reine. Je pensais
ainsi faire ma cour à elle et à son auguste époux. Mes enfants, si jolis
garçons, furent désolés lorsque je donnai le miroir ; ils avaient coutume
de sauter et de jouer devant la glace, ils s'y regardaient avec plaisir, ils
s'amusaient à y voir leurs queues qui leur descendent jusqu'aux talons,
et souriaient de leurs petites frimousses. Malheureusement, je ne soup-
çonnais guère la mort de l'honnête Lampe ; lorsque je lui confiai, ainsi
qu'à Bellyn, ces trésors sur la foi de leur serment ; je les tenais tous
deux pour d'honnêtes gens ; je ne me rappelle pas avoir eu jamais de
meilleurs amis. Malheur à l'assassin ! Je veux apprendre quel est celui
qui a caché ces trésors. Tôt ou tard tout meurtrier est découvert. Si
quelqu'un ici, dans l'assemblée, pouvait dire au moins où sont ces trésors et comment Lampe a été tué !

   « Voyez, mon gracieux maître, il vous passe journellement devant
les yeux tant d'affaires importantes, que vous ne pouvez pas toutes les
retenir ; mais peut-être avez-vous encore souvenir du service signalé que
mon père a rendu au vôtre dans cet endroit même. Votre père était
malade, le mien lui a sauvé la vie ; et pourtant vous dites que ni moi ni
mon père ne vous avons jamais fait de bien. Daignez m'écouter encore, et,
permettez-moi de le dire, à la cour de votre père, le mien était comblé
de dignités en qualité de médecin. Il savait interroger les urines du
malade ; il aidait la nature et il savait guérir toutes les maladies des
yeux et celles des organes les plus nobles, il connaissait les vertus de
l'émétique ; de plus, il était bon dentiste et arrachait les dents malades
en se jouant. Je comprends que vous ayez pu l'oublier ; il n'y aurait là
rien d'étonnant, car vous n'aviez que trois ans. Votre père fut obligé
de garder le lit en hiver avec de si grandes douleurs, qu'il fallait le

lever et le porter. Il fit convoquer tous les médecins d'ici à Rome; tous
l'abandonnèrent. Enfin, il envoya chercher mon père, qui vit sa détresse
et la gravité de sa maladie. Mon père en fut très-peiné et lui dit : « Mon
« roi et mon gracieux seigneur, avec quel bonheur je donnerais ma vie

Votre père était malade, le mien lui a sauvé la vie.

« pour vous sauver! Laissez-moi voir votre urine dans un verre. » Le roi
fit ce que demandait mon père, mais en se plaignant que son état ne
faisait qu'empirer (on avait représenté aussi sur le miroir la guérison
instantanée de votre père). Alors le mien dit, après mûre réflexion :
« Votre santé l'exige : décidez-vous sans retard à manger le foie d'un
« loup âgé au moins de sept ans. Ne ménagez rien! il s'agit de votre
« vie; votre urine ne demande que du sang, décidez-vous promptement. »

Le loup se trouvait dans le cercle des courtisans et n'entendit pas ces paroles avec plaisir. Votre père dit là-dessus : « Vous l'avez entendu, « seigneur loup, vous ne me refuserez pas votre foie pour me guérir. »

« Le loup répondit : « Je n'ai que cinq ans. Il ne peut pas vous ser- « vir ! — Que de paroles inutiles ! répliqua mon père ; ce n'est pas cela « qui peut nous arrêter : je verrai l'âge sur-le-champ à l'inspection du « foie. » Il fallut que le loup passât à l'instant même à la cuisine, et le foie fut trouvé bon. Votre père le mangea incontinent ; il fut guéri sur l'heure de toutes ses maladies.

« Sa reconnaissance envers mon père fut grande ; chacun à la cour fut obligé de l'appeler docteur, il ne fallait pas oublier ce titre. Depuis ce jour, mon père marchait toujours à la droite du roi. Votre père lui fit cadeau, je le sais mieux que personne, d'une chaîne d'or avec une barrette rouge qu'il devait porter devant tous les seigneurs ; aussi tous l'honoraient hautement. Mais, hélas ! il n'en a pas été de même avec son fils, et les services ont été bien vite oubliés. Les plus avides coquins sont en faveur : le gain et l'intérêt sont à l'ordre du jour ; la justice et la sagesse sont méprisées. Des laquais deviennent seigneurs, et, comme d'habitude, c'est le pauvre qui en pâtit. Quand de pareilles gens arrivent au pouvoir, ils frappent à tort et à travers sur le menu peuple, ne son-geant plus d'où ils sont sortis ; ils ne pensent qu'à tirer leurs épingles de tout jeu. Parmi les grands, il y en a beaucoup de cet acabit-là. Ils n'écoutent aucune supplique, à moins qu'elle ne soit richement accompa-gnée d'un présent, et lorsqu'ils ajournent les solliciteurs, cela veut dire : « Apportez ! apportez une fois, deux fois, trois fois ! » Ces loups avides gardent les meilleurs morceaux pour eux ; et, s'il fallait, en perdant peu de chose, sauver la vie de leur maître, on les verrait hésiter. Le loup ne voulait-il pas refuser son foie pour guérir le roi ? et qu'est-ce que le foie ? Je le dis franchement, vingt loups perdraient la vie et le roi et la reine conserveraient la leur, il n'y aurait pas grand mal ; car une mauvaise semence, que peut-elle produire de bon ? Vous avez oublié ce qui s'est passé dans votre enfance ; mais je le sais parfaitement comme si c'était arrivé hier ; l'histoire était représentée sur le miroir suivant le désir de mon père ; des pierres précieuses et des arabesques d'or en fai-saient la bordure. Je donnerais ma fortune et ma vie pour retrouver ce miroir !

— Reineke, dit le roi, j'ai entendu et compris tout ce que tu viens de raconter. Si ton père a été un grand personnage à la cour et a rendu

15

tant de services, il doit y avoir bien longtemps de cela; car je ne me
le rappelle pas, et personne ne m'en a parlé. Au contraire, j'ai les
oreilles rebattues de tes faits et gestes; tu es toujours en jeu, à ce que
j'entends dire du moins. Si c'est à tort et si ce sont de vieilles histoires, j'aimerais une fois entendre parler de toi en bien, une fois par
hasard; cela ne se rencontre pas souvent.

— Seigneur, répondit Reinoke, là-dessus, je puis bien m'expliquer
devant vous; car c'est de moi qu'il s'agit. Je vous ai fait du bien à
vous-même! ce n'est pas pour vous le reprocher! Dieu m'en préserve!
Je ne fais que mon devoir en vous servant de toutes mes forces. Certainement, vous n'avez pas oublié l'histoire. Un jour, j'avais été assez
heureux pour attraper un porc avec Isengrin; il se mit à crier, nous
l'égorgeâmes. Vous vintes à passer en disant, avec force plaintes,
que votre femme vous suivait et que, si quelqu'un voulait partager
quelques morceaux avec vous, vous en seriez bien aises tous les deux.
« Cédez-nous quelque chose de votre capture, » dites-vous alors. Isengrin dit bien : « Oui! » mais dans sa barbe, de façon à être à peine
compris. Pour moi, je répondis : « Seigneur! qu'il soit fait selon votre
« volonté, et, quand notre butin serait au centuple, dites, qui doit faire
« le partage? — Le loup, » répondîtes-vous. Isengrin s'en réjouit fort;
il partagea comme d'habitude, sans honte ni remords, et vous en donna
un quart, l'autre quart à votre femme, et se jeta sur la moitié qu'il se
mit à dévorer, après m'avoir jeté, outre les oreilles, le nez et un morceau des poumons; il garda tout le reste pour lui, vous l'avez vu. Il
montra là peu de générosité. Vous le savez, mon roi, vous eûtes bientôt
mangé votre part; mais je remarquai que votre faim n'était pas apaisée;
Isengrin n'en voulait rien voir, il continuait à manger et à engloutir
sans vous offrir la moindre des choses. Mais vous lui avez appliqué avec
vos pattes un tel coup sur les oreilles, que sa peau en porta les marques;
il se sauva avec la nuque en sang et des bosses à la tête en hurlant
de douleur, et vous lui avez crié ces paroles : « Reviens et apprends
« à rougir! si tu fais encore les parts, tâche de les faire mieux; sans
« cela, je te l'enseignerai. Va-t'en maintenant et rapporte-nous encore à
« manger. — Seigneur, le commandez-vous? répliquai-je. Dans ce cas,
« je vais le suivre et je suis sûr de vous rapporter quelque chose. » Cela
vous plut. Isengrin se conduisit alors comme un maladroit; il saignait,
soupirait et se plaignait; mais je le poussai en avant, nous chassâmes
ensemble et prîmes un veau. C'est une nourriture qui vous plaît. Quand

nous l'apportâmes, il se trouva qu'il était gras; vous vous mîtes à sou-
rire et à dire à ma louange maintes paroles amicales; vous prétendiez
que j'étais un excellent pourvoyeur en cas de détresse, et vous me
dîtes, en outre, de partager le veau. Je dis alors : « La moitié est à
« vous et l'autre moitié est à la reine; ce qui se trouve dans le corps,
« comme le cœur, le foie et les poumons, appartient, comme de raison,
« à vos enfants; je prends pour moi les pieds, que j'aime à ronger; le
« loup aura la tête, c'est un morceau délicieux. » Après avoir entendu
ces paroles, vous répliquâtes : « Dis-moi qui t'a appris à partager
« avec tant de courtoisie, j'aimerais à le savoir, » Je répondis : « Mon
« maître n'est pas loin; car c'est le loup qui, avec sa tête rouge et sa
« nuque sanglante, m'a ouvert l'intelligence. J'ai fait grande attention à
« la manière dont il partagea ce matin le jeune porc et j'ai compris le
« tort d'un pareil partage. Veau ou cochon, je trouve que ce n'est pas
« difficile et je ne serai jamais en faute. » Le loup ne recueillit que de la
honte et du dommage de sa voracité. Il y a assez de ses pareils; ils
dévorent tous les fruits de la terre, avec les vassaux eux-mêmes. Ils
détruisent tout bien-être; on ne peut en attendre nul ménagement,
et malheur au pays qui les nourrit !

« Voyez, sire, c'est ainsi que je vous ai maintes fois honoré. Tout
ce que je possède et tout ce que je puis acquérir, je le consacre avec
bonheur à vous et à votre reine; que ce soit peu ou beaucoup, vous en
avez la meilleure part. Rappelez-vous l'histoire du veau et du porc, et
vous verrez où se trouve la vraie fidélité. Et Isengrin voudrait se mesu-
rer avec Reineke ! Cependant, hélas ! le loup est le premier en dignité
et il opprime tout le monde. Il ne s'inquiète guère de votre intérêt; en
tout ou en partie, il sait profiter de chaque chose. Aussi c'est lui et
l'ours que l'on écoute, et la parole de Reineke est en petite estime !

« Seigneur, il est vrai, on m'a accusé et je ne reculerai pas; car il
faut que j'aille jusqu'au bout et je le dis à haute voix : Y a-t-il quelqu'un ici présent qui se fasse fort de prouver son dire ? Qu'il vienne avec
des témoins; qu'il s'en tienne à la cause et mette en gage sa fortune,
son oreille, sa vie, dans le cas où il perdra. J'offre d'en faire autant.
Telle a toujours été la jurisprudence : que l'on procède encore ainsi
aujourd'hui, et que le procès tout entier, le pour et le contre, soient
fidèlement consignés et examinés; j'ai le droit de le demander!

— Quoi qu'il en soit, répondit le roi, je ne puis et ne veux rien
changer aux formes de la justice; je ne l'ai jamais souffert. Tu es, il

est vrai, véhémentement soupçonné d'avoir pris part au meurtre de Lampe, mon fidèle messager. Je l'aimais beaucoup : sa perte m'a été sensible, et je fus extrêmement affligé de voir sa tête sanglante sortir de la besace. Bellyn, son méchant compagnon, en porta la peine sur-le-champ; pour toi, tu peux continuer à te défendre, suivant les formes judiciaires. Quant à ce qui me concerne personnellement, je pardonne à Reineke, car il m'a été fidèle dans maintes circonstances difficiles. Si quelqu'un veut porter encore plainte contre lui, nous sommes prêts à l'entendre : qu'il produise des témoins irréprochables et soutienne en forme l'accusation contre Reineke, il est là à sa disposition ! »

Reineke dit :

« Sire, grand merci ! vous écoutez tout le monde et chacun jouit des bienfaits de la loi; permettez-moi de vous affirmer par ce qu'il y a de plus sacré que c'est la tristesse dans l'âme que j'ai dit adieu à Bellyn et à Lampe; je crois que j'avais un pressentiment de ce qui devait leur arriver à tous les deux; car je les aimais tendrement. »

C'est ainsi que Reineke apprêtait avec art ses discours et ses récits. Tout le monde y croyait; il avait décrit les bijoux avec tant de grâce, son attitude était si grave, qu'il parut dire la vérité; on alla même jusqu'à vouloir le consoler. Il trompa ainsi le roi, à qui ces joyaux plaisaient : il aurait bien voulu les posséder.

« Allez en paix, dit-il à Reineke; voyagez et cherchez au loin à retrouver ce que nous avons perdu. Faites tout ce qui est en votre pouvoir; si vous avez besoin de mon secours, il est à votre service.

— C'est avec gratitude, répondit Reineke, que je reconnais cette grâce; ces paroles me relèvent et me rendent l'espoir. Le châtiment du crime est votre plus haute prérogative. L'affaire me paraît obscure, mais la lumière se fera. Je vais m'en occuper avec le plus grand zèle, voyager nuit et jour et interroger tout le monde. Quand je saurai où sont ces bijoux, si je ne puis pas les reconquérir moi-même, à cause de ma faiblesse, je vous demanderai du secours; vous me l'accorderez et nous réussirons. Si je suis assez heureux pour vous rapporter ces trésors, mes peines seront enfin récompensées et ma fidélité justifiée. »

Le roi l'entendit avec plaisir et applaudit à tous les mensonges que Reineke avait tissus avec tant d'art; toute la cour y ajouta foi également; il pouvait donc s'en aller voyager où bon lui semblait et sans en demander la permission.

Mais Isengrin ne put pas se contenir plus longtemps, et, grinçant des dents, il s'écria :

« Sire ! voilà donc que vous croyez encore ce brigand qui vous a déjà menti deux ou trois fois ! Qui n'en sera pas étonné ? Ne voyez-vous pas que ce fripon vous trompe et nous ruine tous ? Jamais il ne dit la vérité et il ne pense qu'à faire des mensonges. Mais il ne m'échappera pas ainsi ; il faut que vous appreniez qu'il est un voleur et un perfide. Je suis trois grands méfaits qu'il a commis ; il ne m'échappera pas, dussions-nous nous battre. Il est vrai que l'on exige de nous des témoins ; mais à quoi bon ? quand même ils seraient ici pour parler et témoigner durant toute la journée, cela ne servirait à rien. Il n'en ferait jamais qu'à sa tête. Souvent il n'y a pas de témoin à citer ; alors il faudrait donc permettre au criminel de jouer ses tours comme si de rien n'était ? Personne n'ose souffler un mot. Il diffame un chacun et tout le monde a peur de lui. Vous et les vôtres, vous vous en ressentirez tous ensemble. Aujourd'hui, je le tiens, il ne pourra m'éviter, il faut qu'il me rende raison ; il n'a qu'à se défendre. »

ONZIÈME CHANT

Isengrin le loup continua de porter plainte en ces termes :

« Vous allez voir, sire, comment Reineke, qui a toujours été un coquin, l'est encore et ne dit d'infâmes mensonges que pour me désho-norer, moi et ma famille. Il m'a toujours voulu couvrir de honte, moi, et ma femme encore plus. C'est ainsi qu'un jour il lui avait persuadé de traverser un étang par un gué marécageux; il lui avait promis de lui faire prendre beaucoup de poissons; elle n'avait qu'à plonger sa queue dans l'eau, l'y laisser, et tous les poissons devaient venir s'y prendre en telle quantité, que quatre personnes comme elle ne pour-raient pas tous les manger. Elle traversa l'étang à gué d'abord, puis à la nage vers la fin, près de la Bonde; là, l'eau était plus profonde, et ce fut à cet endroit qu'il lui dit de laisser pendre sa queue. Vers le soir, le froid devint intense et il se mit à geler furieusement, de sorte qu'elle pouvait à peine y tenir. Dans le fait, sa queue ne tarda pas à être prise dans la glace. Elle ne pouvait pas la remuer; elle s'imaginait que c'étaient les poissons qui la rendaient si lourde, et que la pêche avait réussi. Reineke, le misérable voleur, le remarqua, et se mit à

faire des gorges chaudes en voyant le succès de son indigne fourberie.
Mais il me le payera avant de sortir d'ici! Ce crime coûtera aujourd'hui
même la vie à l'un de nous deux, tels que vous nous voyez, car il ne
s'en tirera pas avec de belles paroles; je l'ai pris moi-même sur le fait. Le
hasard m'avait amené sur une colline de ce côté-là; j'entendis crier au
secours! C'est un miracle, vraiment, que je n'en aie pas eu le cœur
brisé! « Reineke, m'écriai-je, qu'as-tu fait? » Il m'entendit et se sauva.
Alors je me dirigeai vers l'étang, le cœur serré de tristesse; il me fallut
le traverser, geler dans l'eau froide, et je ne pus qu'à grand'peine cas-
ser la glace pour délivrer ma femme. Hélas! cela n'alla pas tout seul!
elle dut tirer avec force, et il resta un quart de la queue pris dans la
glace; elle se mit à hurler tout haut de douleur; les paysans l'entendirent, sortirent du village, nous découvrirent et s'appelèrent entre eux.
Ils accoururent par l'écluse avec des piques et des haches, les femmes
avec leurs quenouilles, tous faisant grand tapage : « Prenez! frappez!
« tuez ! » criaient-ils entre eux. Je n'eus jamais si grande frayeur de ma
vie. Girmonde l'avoue aussi. Nous eûmes toutes les peines du monde à
nous sauver en courant : notre poil fumait. Il vint un petit garçon, un
diablo d'enfant, armé d'une pique et léger à la course, qui nous poursuivit et manqua nous faire un mauvais parti. Si la nuit n'était pas
venue, nous serions restés sur la place. Et les femmes, ces vilaines sor-
cières, criaient que nous avions mangé leurs brebis; elles auraient bien
voulu nous prendre et nous poursuivaient d'injures. Mais nous nous
dirigeâmes de nouveau vers l'eau, et nous nous glissâmes dans les
roseaux; une fois là, les paysans n'osèrent plus nous poursuivre, car
il était nuit. Ils retournèrent chez eux. Nous échappâmes ainsi bien
juste. Vous le voyez, sire, trahison, mort et violence, voilà les crimes
dont il s'agit, et vous les punirez sévèrement. »

Lorsque le roi eut entendu cette accusation, il dit :

« Il en sera fait justice selon la loi, mais écoutons la réponse de
Reineke. »

Et Reineke parla ainsi :

« Si l'histoire était vraie, cette affaire me rapporterait peu d'honneur. Dieu me préserve, dans sa miséricorde, qu'il en soit comme il
le prétend! Cependant, je ne veux pas nier avoir appris à sa femme à
prendre des poissons et lui avoir montré le meilleur chemin pour traverser l'étang. Mais elle y mit tant d'avidité, aussitôt qu'elle entendit
parler de poisson, qu'elle oublia le chemin, la modération et mes leçons.

Si elle est restée prise dans la glace, c'est qu'elle a attendu trop longtemps; car, si elle avait retiré sa queue à temps, elle eût pris assez de
poissons pour faire un délicieux repas. Trop d'ambition nuit toujours.
Quand le cœur s'habitue à l'intempérance, il se prépare bien des regrets.
Celui qui a l'esprit de gloutonnerie ne vit que dans la détresse; personne
ne le rassasie. Dame Girmonde l'a éprouvé, lorsqu'elle fut prise dans
la glace. Mais elle est peu reconnaissante de tous mes soins. Voilà donc
ce que je retire du secours honnête que je lui ai prêté! car je poussai et
cherchai de toutes mes forces à la soulever. Mais elle était trop lourde
pour moi, et c'est dans cette occupation que me trouva Isengrin, qui
passait sur l'autre bord. Il se mit à crier et à jurer si furieusement, que
vraiment je fus saisi de peur en entendant ce beau remerciment; une,
deux et trois fois il m'adressa les plus horribles malédictions, et se mit
à crier, égaré par la colère. Je me dis : « Va-t'en sans plus tarder; il
« vaut mieux courir que mourir. » Je fis bien, car alors il m'eût déchiré.
Quand deux chiens se mordent pour un os, il faut bien que l'un des
deux perde. C'est pourquoi il me semble que le meilleur parti à prendre
était d'éviter sa colère et son égarement. Il était furieux et il l'est
encore, qui peut le nier? Interrogez sa femme. Qu'ai-je affaire avec un
menteur comme lui? car aussitôt qu'il vit sa femme prise dans la glace,
il se mit à crier et à jurer, et l'aida à se détacher. Si les paysans se
mirent après eux, c'est pour leur plus grand bien; car de cette façon leur
sang fut mis en mouvement et ils ne gelèrent plus. Qu'y a-t-il à dire
encore? Interrogez Girmonde elle-même; elle est là. Et, s'il avait dit
la vérité, elle n'aurait pas manqué de se plaindre elle-même. En tous
cas, je demande un délai d'une semaine pour parler à mes amis de la
réponse qui est due au loup et à sa plainte. »

Girmonde dit alors :

« Dans toute votre personne et dans toutes vos actions, il n'y a que
friponnerie, comme nous le savons bien, tromperie, malice, dissimulation, effronterie. Qui se fie à vos discours captieux est sûr de s'en trouver mal à la fin; vous ne vous servez jamais que de paroles entortillées
et fausses. J'en ai fait l'épreuve dans le puits. Deux seaux y sont sus-
pendus. Vous vous étiez mis, je ne sais pourquoi, dans l'un d'eux, et
vous étiez descendu au fond; mais vous ne pouviez plus remonter et
vous étiez dans une grande détresse. Je passai près du puits, au matin,
et vous demandai qui vous y avait descendu. Vous me dîtes : « Vous
« arrivez bien à propos, chère commère; je suis toujours prêt à vous faire

« profiter de toutes mes bonnes aubaines. Mettez-vous dans le seau qui est
« là-haut, vous descendrez et vous mangerez ici des poissons tout votre
« soûl. » C'est pour mon malheur que je passais par là; car je vous crus
lorsque je vous entendis jurer que vous aviez mangé tant de poisson,
que vous en aviez mal au ventre. Sotte que j'étais! je me laissai
séduire et me mis dans le seau; il descendit, l'autre remonta; nous
nous rencontrâmes. Cela me parut bizarre. Je vous dis, pleine d'étonnement : « Qu'est-ce que cela veut dire? » Vous me répondîtes : « Monter et descendre, c'est ainsi que cela se passe ici-bas. C'est précisément
« ce qui nous arrive à tous deux : voilà le train du monde. Les uns sont
« abaissés, les autres sont élevés, chacun suivant ses mérites. » Je vous
vis sortir du seau et vous en aller en courant, tandis que je restai au
fond du puits et qu'il me fallut attendre tout le jour et recevoir force
coups avant d'en sortir. Quelques paysans s'étant approchés de la fontaine m'aperçurent. En proie à une faim terrible, dévorée de tristesse
et de frayeur, j'étais dans un état pitoyable. Les paysans se dirent entre
eux : « Regardez donc, voilà dans le seau, tout au fond, l'ennemi qui
« décime nos troupeaux. — Remontons-le, dit l'un d'eux. Je me tiendrai
« prêt à le recevoir, au bord du puits, il nous payera nos brebis! » La
manière dont je fus reçue fut lamentable. Les coups plurent sur ma peau;
ce fut le jour le plus triste de ma vie; à peine échappai-je à la mort. »

Reineke dit alors là-dessus :

« Songez bien aux conséquences, et vous trouverez certainement
que les coups vous ont fait du bien. Pour ma part, je préfère m'en
passer, et, dans cette circonstance, il fallait que l'un de nous deux
fût battu : impossible de nous en tirer ensemble! Si vous voulez y faire
attention, cela vous servira de leçon, et, à l'avenir, en pareille circonstance, vous ne vous fierez à personne si légèrement. Le monde
est plein de malice.

— Oui, répliqua le loup, on n'a pas besoin d'autre preuve! Personne ne m'a plus offensé que ce traître-là. Je n'ai pas encore raconté
le tour qu'il m'a joué une fois en Saxe, parmi la gent des singes. Il me
persuada de me glisser dans une caverne où il savait bien qu'il m'arriverait du mal. Si je n'avais pas pris la fuite rapidement, j'y aurais
laissé mes yeux et mes oreilles. Il m'avait dit auparavant, avec des
paroles insinuantes, que je trouverais là sa cousine, c'est-à-dire la
guenon. J'échappai au piége et il en fut désolé. C'est par malice qu'il
m'avait envoyé dans ce nid abominable, qui me fit l'effet de l'enfer. »

16

Reineke répondit devant toute la cour :

« Isengrin parle tout de travers. Assurément, il n'a pas sa tête.
Qu'il raconte plus clairement ce qu'il veut dire de la guenon. Il y a
deux ans et demi qu'il partit pour la Saxe, afin d'y mener joyeuse vie ;
je l'y suivis. Voilà ce qui est vrai ; le reste est un mensonge. Les gens
dont il parle n'étaient pas des singes, c'étaient des loups marins ; et
jamais je ne les reconnaîtrai pour mes parents. Martin le singe et dame
Ruckenau sont mes parents ; j'honore l'une comme ma cousine et
l'autre comme mon cousin, et je m'en vante : il est notaire et expert
en droit. Mais ce qu'Isengrin raconte de ces créatures-là, c'est assurément pour se moquer de moi ; je n'ai rien à faire avec eux, et ils n'ont
jamais été mes parents, car ils ressemblent au diable d'enfer. Si j'ai
appelé cousine cette vieille horreur, je l'ai bien fait exprès. Je n'y ai
rien perdu, je dois le confesser ; elle me traita fort bien. Sans cela, elle
aurait pu songer à m'étouffer.

« Voyez-vous, messeigneurs, nous avions quitté le grand chemin,
et, en passant derrière une montagne, nous découvrîmes une caverne
sombre et profonde. Isengrin, comme d'habitude, mourait de faim. Qui
l'a jamais vu, même alors, rassasié à sa fantaisie ? Je lui dis : « Il doit
« y avoir à manger dans cette caverne ; je ne doute pas que ses habitants
« ne partagent avec nous. Nous serons les bienvenus. » Isengrin me
répondit : « Je vais vous attendre sous cet arbre ; vous êtes de toute
« façon plus adroit que moi à faire de nouvelles connaissances ; quand
« on vous donnera à manger, vous me le ferez savoir ! » C'est ainsi
que le fripon songeait, à mes risques et périls, à attendre les évé-
nements ; pour moi, j'entrai dans la caverne. Je traversai en frémissant
un corridor long et tortueux qui n'en finissait pas. Mais qui trouvai-je
dans le fond ? Je ne voudrais pas, pour tout l'or du monde, avoir encore
dans ma vie une frayeur pareille. Quelle nichée d'affreuses bêtes de
toutes grandeurs ! et la mère par-dessus le marché ! je crus que c'était
le diable. Elle avait une gueule énorme garnie de dents affreuses, de
longues griffes aux mains et aux pieds, et, par derrière, une grande
queue au bas du dos. Je n'ai jamais rien vu d'aussi épouvantable ! Ses
petits, tout noirs, ressemblaient à autant de jeunes spectres. Elle me
jeta un regard effroyable. « Je voudrais bien être loin d'ici, » me
disais-je tout bas. Elle était plus grande qu'Isengrin lui-même, et
quelques-unes de ses petits avaient presque la même taille. Toute cette
vilaine famille était couchée sur du foin pourri et couverte de boue

jusqu'aux oreilles; on respirait une puanteur plus forte que celle de la
poix d'enfer. A dire vrai, cette société ne me plut guère; car elle était
trop nombreuse et j'étais tout seul. Ils faisaient des grimaces horribles.
Alors j'inventai et j'essayai d'un expédient; je les saluai de mon mieux
et me présentai comme une connaissance et un ami. Je dis cousine à la
vieille et cousins aux enfants, et n'épargnai pas les paroles : « Que
« Dieu vous donne des jours longs et heureux! Sont-ce là vos enfants?
« Vraiment, je ne devrais pas le demander; ils me ravissent! Dieu du
« ciel! comme ils sont gais, comme ils sont gentils! on les prendrait
« tous pour des fils de roi! Louée soyez-vous d'avoir augmenté notre
« famille de si dignes rejetons; je m'en réjouis extrêmement! Je me
« trouve bien heureux d'avoir de pareils cousins, car, dans les jours de
« détresse, on a besoin de ses parents. » Lorsque je lui fis tant d'honneur, bien malgré moi, elle me reçut avec les mêmes égards, me traita
d'oncle et fit comme si elle me connaissait, quoique nous ne fussions
nullement parents. Cependant il n'y avait pas de mal cette fois-là à
l'appeler ma cousine. Je suais de peur en attendant; mais elle me
répondit affectueusement : « Reineke, mon cher parent, soyez mille fois
« le bienvenu! Comment vous portez-vous? Je vous serai obligée toute
« ma vie de cette visite; vous enseignerez la prudence à mes enfants,
« afin qu'ils arrivent aux honneurs. »

« C'est ainsi qu'elle me parla; voilà ce que j'avais amplement
mérité par quelques paroles en l'appelant ma cousine et en voilant la
vérité. Pourtant j'aurais bien voulu être dehors. Mais elle ne voulut
pas me laisser partir et me dit : « Vous ne vous en irez pas que je
« ne vous aie traité. Restez, et laissez-vous servir! » Elle m'apporta
des aliments en quantité; j'aurais vraiment peine à les nommer tous
maintenant; j'étais étonné on ne peut plus de les voir approvisionnés
de la sorte : poissons, chevreuils et bonne venaison; je mangeai de
tout, je le trouvai excellent. Lorsque j'eus festiné à mon appétit, elle
apporta, en outre, un morceau de cerf qu'elle me chargea de porter
chez moi, à ma famille, et je leur dis adieu. « Reineke, » me dit-elle
encore, venez me revoir. » J'aurais promis tout ce qu'elle aurait
voulu; je fis en sorte de m'en aller. Ce n'était pas un grand régal pour
les yeux et pour le nez : un peu plus, j'en serais mort.

« Je m'en allai en courant le long du souterrain, jusqu'à ce que
je fusse arrivé à l'arbre près de l'entrée. Isengrin était là à geindre;
je lui demandai comment il allait; il me répondit : « Pas bien, je vais

« mourir de faim ! » J'eus pitié de lui et lui donnai le morceau exquis
que j'avais avec moi. Il le dévora avidement, me remercia beaucoup ;
maintenant, il l'a oublié. Quand il eut fini, il me dit : « Apprenez-moi
« qui habite dans cette caverne. Comment vous en êtes-vous trouvé ?
« bien ou mal ? » Je lui dis toute la vérité et lui donnai toutes les
instructions. « Le nid n'est pas beau, lui dis-je ; en revanche, on y
« trouve d'excellente nourriture. Si vous désirez en avoir votre part,
« entrez hardiment. Mais, par-dessus tout, gardez-vous de dire *la vérité*
« si vous voulez avoir tout à souhait ; soyez sobre de vérité, » lui répé-
tai-je encore, « car celui qui dit toujours imprudemment la vérité est
« persécuté partout où il se retire ; il reste à l'écart, et les autres sont
« invités. » Voilà comment je lui dis d'y aller. Je lui recommandai de
dire, quoi qu'il arrivât, de ces choses que tout le monde aime à
entendre, et alors qu'il serait bien reçu. Sire, je parlais en toute conscience. Mais il fit tout le contraire ; et, s'il a attrapé quelques coups
à cette occasion, qu'il les garde ! il n'avait qu'à m'imiter. Ses poils sont
gris, il est vrai, mais il y a peu de sagesse dessous. Ces gens-là
n'estiment ni la prudence ni la délicatesse d'esprit ; cette race grossière
de lourdauds ne connaît nullement le prix de la prudence. J'eus beau
lui recommander d'être économe de vérité dans cette circonstance :
« Je sais bien ce qu'il y a à faire, » me répondit-il avec hauteur. Et il
entra au trot dans la caverne.

« Quand il vit au fond cette horrible femelle, il crut voir le
diable ! et les enfants encore ! Il se mit à crier tout ébahi : « Au
« secours ! Quelles sont ces horribles bêtes ? Ces êtres-là sont-ils vos
« enfants ? On dirait vraiment une engeance infernale. Noyez-les ! c'est
« ce qu'il y a de mieux à faire pour que cette engeance ne se répande
« pas sur la terre. Si c'étaient les miens, je les étranglerais. On
« pourrait prendre avec eux des diablotins ; on n'aurait qu'à les lier sur
« des roseaux dans un marais, ces vilains et sales garnements ! Oui,
« vraiment, on devrait les appeler des singes de marais, ce nom leur
« conviendrait bien ! » La mère répondit aussitôt, tout en colère :
« Quel diable nous envoie ce messager ? Qui vous a prié de nous dire
« des grossièretés ? Et mes enfants, qu'ils soient beaux ou laids, que
« vous importe ? Nous venons de quitter à l'instant même Reineke ;
« c'est un homme plein d'expérience, il doit s'y connaître ; il disait à
« haute voix qu'il trouvait tous mes enfants beaux, bien faits et de
« bonne façon, et qu'il était heureux de les reconnaître comme parents.

« Voilà ce qu'il nous a dit ici, à cette place, il n'y a pas une heure.
« S'ils ne vous plaisent pas comme à lui, personne ne vous a prié
« de venir, vous le savez bien. » Isengrin lui demanda à manger
sur-le-champ : « Apportez, dit-il ; sans cela, je vous aiderai à cher-

« cher ! A quoi bon tant de paroles ? » Et il s'apprêta à toucher par
force à leurs provisions ; c'était une malheureuse idée, car elle se jeta
sur lui, le mordit, lui déchira la peau avec ses griffes et le houspilla
d'importance ; ses enfants s'en mêlèrent aussi en mordant et en égra-
tignant. Il se mit alors à hurler et à crier ; tout en sang, et sans
se défendre, il s'enfuit à grands pas jusqu'à l'entrée de la caverne.

« Je le vis arriver couvert de morsures et d'égratignures, la peau
en lambeaux, une oreille fenduc et le nez tout en sang ; ils lui avaient
fait maintes blessures et l'avaient mis dans un vilain état. Je lui
demandai s'il avait dit la vérité, et il me répondit : « J'ai dit ce que
« j'ai vu. Cette horrible sorcière m'a tout défiguré ! Je voudrais qu'elle

« fût ici dehors, elle me le payerait cher! Qu'en dites-vous, Reineke?
« Avez-vous jamais vu de pareils enfants, aussi laids, aussi méchants?
« Lorsque je le lui eus dit, ce fut fini, je ne trouvai plus grâce devant
« ses yeux, et je me suis mal trouvé dans son trou. — Êtes-vous fou? »
lui répondis-je. « Je vous avais recommandé tout le contraire. « J'ai
« bien l'honneur de vous saluer (auriez-vous dû lui dire), chère
« cousine. Comment allez-vous? comment vont vos charmants petits
« enfants? Je me réjouis beaucoup de revoir mes chers neveux, grands
« et petits. » Mais Isengrin me dit : « Appeler cousine cette mégère?
« et neveux ces hideux enfants? Que le diable les emporte! une pareille
« parenté me fait horreur. Fi donc! c'est une horrible racaille que je
« ne veux plus revoir. » Voilà pourquoi et comment il fut si maltraité.
Maintenant, sire, c'est à vous de juger! A-t-il raison de dire que je
l'ai trahi? Il peut dire si l'affaire ne s'est pas passée comme je la
raconte. »

Isengrin répliqua alors résolûment :

« En vérité, nous ne viderons pas cette querelle avec des paroles.
A quoi bon nous essouffler? Le bon droit est toujours le bon droit, et
on verra à la fin celui qui de nous deux le possède. Reineke, tu as
voulu payer d'audace, qu'il en soit ainsi! Nous combattrons l'un contre
l'autre, et tout s'arrangera! Vous ne manquez pas de paroles pour
raconter la grande faim que j'ai eue devant la demeure des singes et la
générosité que vous eûtes alors de me donner à manger. Je voudrais
bien savoir avec quoi? Vous ne m'avez apporté qu'un os, probablement
vous aviez mangé la viande. Partout vous vous moquez de moi, et
dans des termes qui touchent mon honneur. Par d'infâmes mensonges
vous m'avez rendu suspect d'avoir médité une conspiration contre le roi
et d'avoir voulu lui ôter la vie; tandis que vous lui faites briller je ne
sais quels trésors devant les yeux. Il aurait bien de la peine à les
trouver! Vous avez mystifié ma femme, mais vous me le payerez. Je
vous accuse de toutes ces choses; je combattrai pour d'anciens et de
nouveaux griefs, et je le répète, vous êtes un assassin, un traître et
un voleur. Nous combattrons à mort; voilà assez de bavardages et
d'insultes; je vous présente un gant, comme tout appelant doit le faire;
recevez-le comme un gage. Nous nous retrouverons bientôt. Le roi l'a
entendu, tous les seigneurs aussi. J'espère qu'ils seront témoins de ce
duel judiciaire; vous n'échapperez pas jusqu'à ce que l'affaire soit enfin
décidée; alors nous verrons. »

Reineke pensa en lui-même :

« Il s'agit ici de jouer sa fortune et sa vie! Il est grand de taille et moi petit. Si je ne suis pas le plus fort cette fois-ci, toutes mes ruses ne m'auront pas servi à grand'chose. Mais attendons. Car, tout bien considéré, c'est moi qui ai l'avantage; n'a-t-il pas déjà perdu ses griffes de devant? Si ce vieux fou ne se calme pas, il faut à tout prix que la chose ne se passe pas comme il le désire. »

Reineke dit alors au loup :

« Vous êtes vous-même un traître, Isengrin, et tous les griefs dont vous voulez me charger ne sont que des mensonges. Vous voulez vous battre? Eh bien! j'accepte le défi et je ne reculerai pas. Il y a long-temps que je le désire! Voici mon gant. »

Le roi reçut ces gages que les deux adversaires lui remirent fière-ment. Il leur dit en même temps :

« Il faut que vous me donniez caution que vous ne manquerez pas de vous présenter demain pour combattre, car je trouve vos allégations confuses de part et d'autre; on se perd dans toutes vos histoires. »

Les garants d'Isengrin furent l'ours et le chat; ceux de Reineke, son cousin Monoke, fils du singe, et Grimbert.

« Reineke, lui dit dame Ruckenau, soyez bien tranquille; que votre prudence ne vous abandonne pas. Mon mari, votre oncle, qui est maintenant en route vers Rome, m'a enseigné jadis une prière composée par l'abbé d'Avalètout. Cet abbé, entre autres faveurs, la donna par écrit sur un parchemin à mon mari. « Cette prière, » lui dit l'abbé, « est très-efficace pour les hommes qui vont se battre; il faut « la réciter le matin à jeun, et durant tout le jour on est délivré de « périls et de malheurs, à l'abri de la mort, des douleurs et des bles-« sures. » Que cela vous rassure, mon neveu; demain matin, je vous la réciterai; demain matin, ayez donc bon courage et soyez sans crainte.

— Ma chère cousine, lui répondit le renard, je vous remercie de tout mon cœur; je n'oublierai pas ce service, mais je compte surtout sur la justice de ma cause et sur mon habileté. »

Les amis de Reineke passèrent la nuit avec lui et chassèrent toutes ses idées noires par de gais propos. Mais dame Ruckenau, plus que tous les autres, était active et préoccupée du lendemain. Elle le fit tondre de la tête à la queue; elle le fit oindre d'huile et de graisse sur la poitrine et sur le ventre; Reineke se montra gras, rond et ferme sur jambes.

Elle lui dit en outre :

« Écoutez-moi et songez à ce que vous avez à faire; écoutez le

Elle le fit tondre de la tête à la queue.

conseil d'amis pleins d'expérience; il vous sera d'un grand secours. Buvez vaillamment et retenez votre urine, et, quand demain matin vous descendrez dans le champ clos, prenez-vous-y adroitement; arrosez-en complétement le bout de votre queue et cherchez à en frapper votre adversaire. Si vous pouvez lui en asperger les yeux, c'est ce qu'il y aura de mieux; il en perdra presque la vue; cela vous profitera et il en sera bien empêché. Il vous faut aussi dans le commencement jouer la peur et vous enfuir rapidement contre le vent. S'il vous poursuit, faites de la poussière avec vos pieds afin

de lui remplir les yeux de sable et d'immondices. Sautez alors de côté,
étudiez tous ses mouvements, et, quand il s'essuiera, prenez votre
avantage et aspergez-lui de nouveau les yeux avec cette eau corrosive,
afin qu'il devienne entièrement aveugle, qu'il ne sache plus où il en
est et que la victoire vous reste. Mon cher neveu, dormez quelques
instants, nous vous éveillerons quand il en sera temps. Cependant,
je vais réciter sur vous, à l'instant même, les paroles sacrées dont je
vous ai parlé, et qui doivent vous fortifier. »

Et elle lui imposa les mains sur la tête en prononçant ces paroles :
« *Nekræst negibual geid sum namteflih dnudna mein tedachs !*

« Maintenant, adieu, vous voilà invulnérable ! »

L'oncle Grimbert en dit autant ; puis ils l'emmenèrent coucher.
Il dormit tranquillement. Au lever du soleil, la loutre et le blaireau
vinrent éveiller leur cousin. Ils le saluèrent amicalement en lui disant :

« Faites bien vos préparatifs ! »

La loutre lui offrit alors un joli canard, en lui disant :

« Mangez, je l'ai pris pour vous avec force bonds sur l'écluse de
Painpoulet ; puisse-t-il vous faire plaisir, mon cousin !

— C'est une bonne étrenne, dit joyeusement Reineke ; je ne fais
pas fi d'un pareil morceau. Que Dieu vous récompense d'avoir songé
à moi ! »

Il déjeuna avec appétit, but de même et se dirigea avec ses parents
vers le champ clos, dans la plaine sablonneuse où devait avoir lieu le
combat.

DOUZIÈME CHANT

Lorsque le roi vit Reineke paraître ainsi dans la lice, tout tondu et, des pieds à la tête, oint d'huile et de graisse luisante, il se mit à rire sans fin.

« Renard, qui t'a appris ce tour-là ? lui cria-t-il. On a bien raison de t'appeler Reineke le renard ; tu es toujours le même ; partout et toujours tu sais te tirer d'affaire. »

Reineke s'inclina profondément devant le roi, s'inclina encore plus devant la reine et descendit dans la lice d'un pas assuré. Le loup avec ses parents s'y trouvait déjà ; ils souhaitaient au renard une fin misérable ; il entendit maintes paroles emportées et maintes menaces. Mais Lynx et Léopard, les maîtres du camp, apportèrent les reliques sur lesquelles les deux combattants attestèrent la vérité de leur cause. Isengrin jura avec véhémence et la menace dans les yeux que Reineke était un traître, un voleur, un assassin souillé de tous les crimes ;

convaincu de violence et d'adultère, faux en tout point, qu'il le
soutenait au péril de sa vie. Reineke jura, en revanche, qu'il n'était
pas coupable de tous ces crimes; qu'Isengrin mentait comme toujours,
se parjurait comme d'habitude, mais qu'il n'avait jamais pu faire de ses
mensonges une vérité et qu'il y parviendrait encore moins dans ce
jour.

Les maîtres du camp s'écrièrent :

« Que chacun fasse son devoir ! le bon droit va se montrer. »

Petits et grands quittèrent la lice pour qu'on pût y enfermer
les deux combattants. La guenon se mit à dire tout bas et vite à
Reineke :

« Rappelez-vous ce que je vous ai dit; n'oubliez pas de suivre mon
conseil ! »

Reineke lui répondit gaiement : .

« Votre bonne exhortation redouble mon courage. Soyez tranquille;
je n'oublierai pas en ce jour l'audace et la ruse qui m'ont tiré de tant
de périls où je me suis trouvé si souvent, alors que je risquais si
témérairement ma vie. Comment ne me conduirais-je pas de même,
maintenant que je suis vis-à-vis de ce scélérat? J'espère bien le
confondre, lui et toute sa race, et faire honneur aux miens. Qu'il
mente tant qu'il voudra, je m'en vais l'asperger d'importance. »

En ce moment, on les laissa tous les deux seuls dans la lice et tout
le monde regarda avidement.

Isengrin, d'un air sauvage et furieux, étendit ses pattes et s'avança
la gueule ouverte, en faisant des bonds énormes. Reineke, plus léger,
évita le choc de son adversaire et inonda bien vite son balai de son eau
corrosive et le traîna dans la poussière pour le remplir de sable.
Isengrin croyait déjà le tenir, lorsque le perfide le frappa sur les yeux
avec sa queue et l'étourdit du coup. Ce n'était pas la première fois qu'il
employait cette ruse; beaucoup d'animaux avaient déjà éprouvé la
fatale vertu de cet acide. C'est ainsi qu'il avait aveuglé les enfants
d'Isengrin, comme on l'a vu au commencement; maintenant, c'est
au père qu'il en voulait. Après l'avoir aspergé de la sorte, il sauta de
côté, se plaça contre le vent, agita le sable et chassa la poussière dans
les yeux du loup, qui se dépêchait, et de bien mauvaise grâce, de se
frotter et de s'essuyer, ce qui augmentait ses souffrances. Reineke, en
revanche, jouait adroitement de son balai pour atteindre encore son
ennemi et l'aveugler entièrement. Le loup s'en trouva mal, car le

renard profita alors de son avantage. Aussitôt qu'il vit les yeux de son
ennemi obscurcis de larmes douloureuses, il se mit à l'assaillir de coups
vigoureux, à l'égratigner, à le mordre et toujours à lui asperger les
yeux. Le loup, presque sans connaissance, frappait au hasard, et
Reineke enhardi, le raillait en lui disant :

« Seigneur loup, vous avez dans le temps dévoré plus d'une
innocente brebis et mangé dans votre vie plus d'un animal irrépro-
chable ; j'espère que les autres seront en paix dorénavant ; dans tous
les cas, il vous plaira de les laisser en paix et leur bénédiction sera
votre récompense. Votre âme gagnera à cette conversion, surtout si
vous attendez patiemment la fin. Cette fois-ci, vous n'échapperez pas

de mes mains, que vous ne m'ayez apaisé par vos supplications; dans ce cas, je vous épargnerai et vous laisserai la vie. »

Tout en lui disant rapidement ces paroles, Reineke tenait son adversaire par la gorge et se croyait sûr de le vaincre. Mais Isengrin, plus fort que lui, se démena furieusement et se dégagea en deux secousses. Cependant Reineke eut le temps de l'attraper à la figure, de le blesser cruellement et de lui arracher un œil de la tête; le sang coula le long du nez à grands flots.

Reineke s'écria :

« Voilà ce que je voulais! j'ai réussi! »

Le loup, tout en sang, se sentit défaillir. Mais la perte de son œil le rendit furieux, et, malgré ses blessures et ses douleurs, il s'élança contre Reineke, qu'il renversa par terre. Le renard se trouva alors dans une triste situation et toute sa prudence lui était de peu de secours. Isengrin lui prit rapidement entre ses dents une de ses pattes de devant dont il se servait en guise de main. Reineke gisait à terre tristement; il craignait de perdre la main à l'instant même et mille pensées se croisaient dans son esprit, tandis qu'Isengrin lui grognait d'une voix creuse ces paroles :

« Brigand! l'heure de ta mort est arrivée! rends-toi à l'instant, ou bien je te fais périr pour toutes tes perfidies. Je m'en vais régler ton compte maintenant; cela ne t'aura pas servi à grand'chose d'avoir gratté la poussière, d'avoir mouillé ta queue, d'avoir fait tondre ta fourrure et graissé ton corps. Malheur à toi maintenant! tu m'as fait tant de mal, tu m'as calomnié et éborgné. Mais tu ne m'échapperas pas. »

Reineke se disait :

« Me voici dans un bien triste état; que dois-je faire? Si je ne me rends pas, il m'égorge, et, si je me rends, je suis déshonoré à tout jamais. Oui, je mérite cette punition; car je l'ai trop maltraité, trop grièvement offensé. »

Alors il essaya d'attendrir son adversaire par de belles paroles :

« Mon cher oncle, lui dit-il, je deviendrai avec joie à l'instant même votre vassal avec tout ce que je possède. J'irai pour vous en pèlerinage au tombeau sacré dans la terre sainte et dans toutes les églises pour vous en rapporter des indulgences. Elles serviront au salut de votre âme et il en restera encore assez pour faire profiter aussi de ce bénéfice votre père et votre mère dans la vie éternelle; qui est-ce qui n'en a pas besoin? Je vous vénère comme si vous étiez le pape et

vous jure, par ce qu'il y a de plus sacré, d'être dorénavant entièrement
à vous avec tous les miens. Tous vous obéiront au premier signe; je
vous en fais serment! Je vous offre encore ce que je n'ai pas promis au
roi lui-même. Acceptez-le, vous serez un jour le maître du pays. Tout
ce que je sais capturer, je vous l'apporterai : oies, poulets, canards et
poissons; avant d'y toucher, je vous en laisserai le choix, ainsi qu'à
votre femme et à vos enfants. De plus, je veillerai sur votre vie pour
que nul mal ne vous advienne. On me dit malin et vous êtes fort; à
nous deux, nous pouvons faire de grandes choses. Il faut nous allier;
l'un armé de la force et l'autre de la ruse, qui pourra nous vaincre?
Nous avons tort de combattre l'un contre l'autre. Vraiment, je ne
l'eusse jamais fait, si j'avais pu éviter ce duel d'une façon honorable;
mais vous m'avez provoqué et l'honneur me faisait une loi d'y répondre.
Cependant je me suis conduit poliment et je ne me suis pas servi de
toutes mes forces pendant la lutte. « Épargner ton oncle, me disais-je,
« est une action qui te fera honneur. » Si je vous avais détesté, vous
vous en seriez trouvé pis. Je vous ai fait peu de mal, et si, par mégarde,
je vous ai blessé à l'œil, j'en suis cordialement affligé. Mais ce qu'il y
a d'heureux, c'est que je sais un remède pour vous guérir et vous
m'en remercierez quand je vous l'aurai dit. Si votre œil ne revient pas,
une fois que vous serez guéri, il n'y aura rien de plus commode; vous
n'aurez qu'une fenêtre à fermer quand vous voudrez dormir; nous
autres, nous avons le double de peine. Pour vous apaiser, tous mes
parents s'inclineront à l'instant même devant vous. Ma femme et mes
enfants, sous les yeux du roi et devant toute l'assemblée, viendront
vous prier et vous conjurer de me pardonner et de me faire grâce de
la vie. Alors je confesserai publiquement que je n'ai pas dit la vérité,
que je vous ai calomnié et trompé de tout mon pouvoir. Je promets
de faire serment que je ne sais rien de mal sur votre compte et que
dorénavant je ne vous offenserai jamais. Quand avez-vous jamais rêvé
une satisfaction aussi complète que celle que je vous offre à cette heure?
Si vous me tuez, quel profit en tirerez-vous? Vous aurez toujours à
craindre mes parents et mes amis; tandis que, si vous m'épargnez,
vous quitterez avec gloire et honneur le champ de bataille, vous
paraîtrez à tous de grand cœur et de grand sens; car il n'y a rien de
si grand que le pardon. Vous ne trouverez pas de sitôt une pareille
circonstance, profitez-en! Au reste, il m'est à présent tout à fait
indifférent de vivre ou de mourir.

— Perfide renard, répondit le loup, comme tu aimerais à en être quitte! Mais quand toute la terre serait d'or et que tu me l'offrirais pour rançon, je ne te lâcherais pas. Tu m'as fait tant de fois de faux serments, parjure que tu es! à coup sûr, si je te laissais aller, tu ne me donnerais pas même des coquilles d'œuf. J'estime pou ta famille, je l'attends de pied ferme et j'espère supporter sa haine sans trop de peine. Toi qui n'as de plaisir qu'au mal d'autrui, quelles ne seraient pas tes railleries, si je te délivrais sur tes belles promesses! Qui ne te connaîtrait pas serait trompé. Tu m'as épargné aujourd'hui, dis-tu, effronté coquin! et n'ai-je pas perdu un œil? Scélérat, ne m'as-tu pas déchiré la peau en vingt endroits? et m'as-tu laissé respirer seulement lorsque tu as eu l'avantage? Je serais bien fou d'être pour toi clément et miséricordieux pour tout le mal et l'opprobre dont tu m'as couvert. Traître! tu as déshonoré et ruiné ma femme et moi; cela te coûtera la vie. »

C'est ainsi que parla le loup. Pendant ce temps-là, son fripon d'adversaire avait passé son autre patte entre les cuisses du loup. Il le saisit par la peau du ventre et se mit à la tirer et à la tordre d'une façon cruelle. Le loup se mit à crier et à hurler d'une façon lamentable en ouvrant la gueule. Reineke retira bien vite sa patte du milieu de ses dents et empoigna le loup à deux mains, en tirant et pinçant de plus en plus fort; le loup hurla avec tant de violence, qu'il cracha le sang; une sueur froide inonda ses poils et il se roula de douleur. Le renard s'en réjouit; maintenant, il espérait vaincre. Il ne le lâcha ni des mains ni des dents, et le loup tomba dans l'angoisse et dans le désespoir; il se regarda comme perdu. Le sang lui sortait des yeux; il tomba sans connaissance. Le renard n'aurait pas donné ce spectacle pour des montagnes d'or; sans lâcher prise, il tira et traîna le loup pour que tout le monde vît son état misérable, et se mit à pincer, mordre et griffer l'infortuné, qui se tordait dans la poussière et ses propres ordures en poussant des hurlements étouffés avec des convulsions et des gestes désespérés.

Ses amis poussèrent des cris de douleur et prièrent le roi d'arrêter le combat, si tel était son bon plaisir. Et le roi répondit :

« Si c'est votre avis à tous et votre désir, qu'il en soit ainsi, je ne demande pas mieux. »

Et le roi ordonna aux deux maîtres du camp, Lynx et Léopard, d'aller trouver les deux combattants. Ils entrèrent dans le champ clos

et dirent au vainqueur Reineke que cela suffisait, et que le roi désirait
arrêter le combat et faire cesser le duel.

« Il désire, ajoutèrent-ils, que vous lui cédiez votre adversaire en
accordant la vie au vaincu; car si l'un de vous deux périssait dans ce

Ils accoururent en foule autour du vainqueur.

duel, ce serait dommage des deux côtés. Vous avez l'avantage! petits
et grands, tout le monde l'a vu. Vous avez aussi pour vous tous les
seigneurs les plus braves, vous les avez gagnés pour toujours à votre
cause. »

Reineke dit :

« Je ne serai pas un ingrat ! C'est avec plaisir que j'obéirai au roi et que je ferai ce qui doit se faire ; j'ai vaincu et je ne demande rien de plus dans ma vie : que le roi me permette seulement de consulter mes amis. »

Alors tous les amis de Reineke s'écrièrent :

« Nous sommes d'avis qu'il faut suivre la volonté du roi. »

Ils accoururent en foule autour du vainqueur : tous ses parents, le blaireau, le singe, la loutre et le castor. Il eut alors aussi pour amis la martre, la belette, l'hermine, l'écureuil et beaucoup d'autres qui lui étaient hostiles auparavant et naguère encore n'osaient pas prononcer son nom ; ils accoururent tous près de lui. Il se trouva alors avoir pour parents ceux qui l'accusaient jadis ; ils venaient lui présenter leurs femmes et leurs enfants, les grands, les moyens, les petits, et même les tout petits : chacun le fêtait, le flattait ; cela n'en finissait pas.

Dans le monde, il en est toujours ainsi. A celui qui est heureux on souhaite santé et bonheur ; il trouve des amis en foule. Mais celui qui est tombé dans la misère n'a qu'à prendre patience. C'est ce qui arriva en cette circonstance ; chacun voulait avoir le premier rôle auprès du vainqueur. Les uns jouaient de la flûte, les autres chantaient, d'autres encore jouaient de la trompette ou des timbales. Les amis de Reineke lui disaient :

« Réjouissez-vous ! vous avez jeté un nouveau lustre sur vous et votre race dans cette journée ! Nous étions bien affligés de vous voir succomber ; mais la chance a tourné bientôt et par un coup de maître. »

Reineke dit modestement :

« Le bonheur m'a favorisé. »

Et il remercia ses amis. Ils s'en vinrent tous à grand bruit, précédés par Reineke et les juges du camp. Ils arrivèrent ainsi devant le trône du roi et Reineke s'agenouilla. Le roi lui ordonna de se lever et lui dit devant tous les seigneurs :

« C'est un beau jour pour vous ; vous avez défendu votre cause avec honneur. En conséquence, je vous proclame quitte. Vous êtes relevé de tout châtiment ; je tiendrai prochainement, à cette occasion, un conseil avec mes gentilshommes, aussitôt qu'Isengrin sera rétabli ; pour aujourd'hui, la cause est entendue.

— Sire, répondit modestement Reineke, votre conseil est bon à suivre ; vous savez ce qu'il y a de mieux à faire. Lorsque je parus devant vous, j'avais beaucoup d'accusateurs qui dirent force mensonges

13

pour plaire au loup, mon puissant ennemi. Celui-ci voulait me perdre, et, quand il m'eut presque en son pouvoir, ses acolytes s'écrièrent : « Qu'il meure ! » Ils m'accusèrent en même temps que lui, uniquement pour me pousser à bout et pour lui être agréable, car tout le monde

Ils arrivèrent ainsi devant le trône du roi.

pouvait remarquer qu'il était plus en faveur que moi et personne ne songeait au résultat ni à ce qui pouvait être la vérité. Je les comparerais volontiers à ces chiens qui avaient l'habitude de stationner par bandes devant la cuisine, dans l'espérance que le maître queux voudrait bien leur jeter quelques os. Pendant qu'ils attendaient ainsi, les chiens aperçurent un de leurs confrères qui venait de prendre à la cuisine un morceau de rôti et qui, pour son malheur, ne s'était pas sauvé assez

vite, car le cuisinier l'échauda d'importance et lui brûla la queue;
cependant il ne lâcha pas sa prise et se mêla aux autres chiens qui
dirent entre eux : « Voyez comme le cuisinier favorise celui-là ! Voyez
« quel morceau exquis il lui a donné ! » Le chien leur répondit : « Vous
« ne vous y entendez guère; vous me louez et vous m'enviez en me
« considérant par devant, où vos regards caressent ce délicieux rôti;
« mais regardez-moi par derrière et vantez encore mon bonheur, si
« toutefois vous ne changez pas d'opinion. » Quand ils virent comme il
était cruellement brûlé, que ses poils étaient tous tombés et sa peau
toute ratatinée, il furent saisis d'horreur ; personne ne voulut plus aller
à la cuisine, ils s'enfuirent tous et le laissèrent là. Sire, c'est l'histoire
des gloutons que je viens de faire. Tant qu'ils sont puissants, chacun
veut les avoir pour amis. On les voit à toute heure la gueule pleine de
bons morceaux. Ceux qui ne les flattent pas le payent cher; il faut
toujours les vanter, quelque mal qu'ils fassent, et de la sorte on ne
fait que les encourager au mal. Voilà ce que font tous les gens qui ne
considèrent pas le résultat final : ces personnages voraces sont souvent
punis, et leur prospérité a une triste fin. Personne ne les souffre plus ;
ils perdent à droite et à gauche tous les poils de leur fourrure : ce sont
les amis d'autrefois, grands et petits, qui se détachent d'eux et les
laissent tout nus, comme ont fait les chiens qui abandonnèrent immé-
diatement leur camarade lorsqu'ils virent son mal et son croupion
déshonoré. Sire, vous comprenez qu'on ne pourra jamais dire cela de
Reineke, car ses amis ne rougiront jamais de lui. Je vous remercie
mille fois de toutes les grâces que vous m'avez faites, et, toutes les
fois que je pourrai connaître votre volonté, je me ferai un vrai
bonheur de la mettre à exécution.

— Nous n'avons pas besoin de tant de paroles, répondit le roi ; j'ai
tout entendu et j'ai compris tout ce que vous vouliez dire. Je veux,
comme autrefois, vous voir siéger dans ma cour en qualité de noble
baron, et je vous impose le devoir de participer à toute heure à mon
conseil intime; je vous rends tous vos honneurs et tout votre pouvoir,
comme vous le méritez, je l'espère. Aidez-moi à gouverner pour le
mieux. Je ne puis guère me passer de vous à la cour, et, si vous
joignez la vertu à la sagesse qui vous distingue, personne n'aura le
pas sur vous et ne fera prévaloir ses conseils sur les vôtres. Dorénavant, je n'écouterai plus les plaintes que l'on pourrait porter contre
vous, et vous agirez toujours à ma place, en qualité de chancelier

de l'empire. Mon sceau vous sera confié, et ce que vous aurez fait et écrit restera fait et écrit. »

Voilà de quelle façon Reineke arriva au comble des honneurs et comment tout ce qu'il conseille et décide, en bien ou en mal, a force de loi.

Reineke remercia le roi en disant :

« Mon noble souverain, vous me faites beaucoup trop d'honneur ; je ne l'oublierai jamais, tant que je jouirai de ma raison. L'avenir vous le prouvera. »

Nous dirons en peu de mots ce que faisait le loup pendant ce temps-là. Il gisait dans la lice vaincu et en piteux état ; sa femme et ses enfants allèrent à lui, et Hinzé le chat, l'ours, son enfant, sa maison et ses parents ; ils le mirent en gémissant sur une civière que l'on avait bien garnie de foin pour le tenir chaud, et ils l'emportèrent loin du champ clos. On sonda ses blessures, on en trouva vingt-six ;

plusieurs chirurgiens vinrent qui pansèrent ses blessures et y versèrent
quelques gouttes de baume; tous ses membres étaient paralysés. Ils lui
frottèrent l'oreille avec une herbe et il éternua fortement par devant et
par derrière, et ils dirent ensemble :

« Il faudra le frotter d'onguent et le baigner. »

C'est ainsi qu'il rassurèrent la famille du loup plongée dans la
tristesse. On le mit au lit; il s'endormit, mais pas pour longtemps. Il
s'éveilla, les idées encore confuses, et l'inquiétude le prit; la honte, les
douleurs l'assaillirent. Il se lamenta à haute voix et parut désespéré.
Giermonde le veillait attentivement, le cœur plein de tristesse, songeant
à tout ce qu'elle avait perdu; elle était debout, accablée de mille
douleurs, et pleurait sur elle, sur ses enfants, sur ses amis, en voyant
son mari si souffrant : le malheureux ne put pas se contenir; il devint
furieux de douleur; ses souffrances étaient grandes et les suites bien
tristes.

Pour Reineke, il se trouvait on ne peut mieux; il causait gaiement
avec ses amis et entendait retentir ses louanges tout partout; il partit
fièrement. Le roi lui donna gracieusement une escorte et le congédia
avec ces paroles affectueuses :

« A bientôt ! »

Le renard s'agenouilla devant le trône en disant :

« Je vous remercie de tout mon cœur, vous, sire, notre gracieuse
reine, le conseil du roi et tous ces seigneurs. Que Dieu vous réserve,
sire, toutes sortes d'honneurs ! Je ferai votre volonté; je vous aime
certainement, et en cela je ne fais que mon devoir. Maintenant, si
vous voulez bien le permettre, je vais retourner chez moi pour voir ma
femme et mes enfants qui attendent dans les larmes. »

— Allez-y, répondit le roi, et ne craignez plus rien. »

C'est ainsi que partit Reineke, favorisé comme personne. Il y en a
bien de son espèce qui ont le même talent. Ils n'ont pas tous la barbe
rouge, mais ils n'en sont pas moins à leur aise.

Reineke quitta fièrement la cour avec sa famille et quarante parents;
on leur rendait mille honneurs et il s'en réjouissait. Reineke marchait
le premier comme leur seigneur; les autres suivaient. Il était radieux;
sa queue s'épanouissait, il avait conquis la faveur du roi, il était
rentré au conseil et songeait au parti qu'il pourrait en tirer :

« Je partagerai ma faveur avec ceux que j'aime, et mes amis en
jouiront, se disait-il; la sagesse est plus précieuse que l'or. »

C'est ainsi que Reineke, accompagné de tous ses amis, prit le
chemin de Malpertuis, sa forteresse. Il se montra reconnaissant pour
tous ceux qui lui avaient été favorables et qui étaient restés à ses
côtés au moment du péril. Il leur offrit ses services en revanche ;

Nous allons maintenant vivre des jours heureux, honorés de tous.

ils se quittèrent et chacun retourna dans sa famille. Pour lui, il trouva
chez lui sa femme Ermeline en bonne santé ; elle le salua avec joie, lui
demanda comment il avait fait pour échapper encore à ses ennemis.
Reineke lui dit :

« J'y suis parvenu ! j'ai reconquis la faveur du roi ; je siégerai
comme autrefois dans le conseil ; et ce sera à l'éternel honneur de
toute notre race. Le roi m'a nommé tout haut, devant tous, chancelier
de l'empire et m'a confié le sceau de l'État. Tout ce que Reineke fait
et écrit reste à tout jamais écrit et bien fait ; que personne ne l'oublie,
j'ai donné au loup, en peu d'instants, une rude leçon ; il ne m'accusera

plus. Il est aveugle, blessé et toute sa race déshonorée; je l'ai bien
arrangé! il ne servira plus à grand'chose en ce bas monde. Nous nous
sommes battus en duel et je l'ai vaincu. Il n'en guérira pas de sitôt.
Que m'importe! je suis son supérieur et celui de tous ceux qui faisaient
cause avec lui. »

La femme de Reineke se réjouit fort; le cœur des deux petits
renards se gonfla aussi d'orgueil au récit de la victoire de leur père.
Ils se dirent entre eux joyeusement :

« Nous allons maintenant vivre des jours heureux, honorés de
tous, et nous n'aurons qu'à penser à fortifier notre château et à vivre
gaiement et sans souci. »

Reineke est honoré de tous maintenant. Que chacun se convertisse
donc bientôt à la sagesse, évite le mal et respecte la vertu ! Voilà
la morale de ce poème, dans lequel le poète a mêlé la fable à la
vérité, afin que vous puissiez distinguer le mal du bien et cultiver la
sagesse, et aussi afin que les acheteurs de ce livre s'instruisent journellement du train de ce monde. Car c'est ainsi qu'il en est, c'est ainsi
qu'il en sera, et voilà comment se termine notre poème des faits et
gestes de Reineke. Que Dieu nous accorde l'éternité bienheureuse!
Amen !

TABLE

PREMIER CHANT

DEUXIEME CHANT

TROISIEME CHANT

19

QUATRIÉME CHANT

CINQUIÈME CHANT

SIXIEME CHANT

SEPTIEME CHANT

HUITIEME CHANT

NEUVIÈME CHANT

DIXIÈME CHANT

ONZIÈME CHANT

DOUZIÈME CHANT

PARIS. — J. CLAYE, IMPRIMEUR, RUE SAINT-BENOIT, 7.

LE DIABLE
A PARIS

PARIS A LA PLUME ET AU CRAYON

Contenant toutes les gravures des éditions primitives, c'est-à-dire les

200 Dessins de GAVARNI

qui leur avaient donné tant de prix, augmentée des

320 DESSINS DONT SE COMPOSE L'ŒUVRE CHOISIE DE CE MAÎTRE

DE CURIEUX DESSINS DE

GRANDVILLE

Qui ne faisaient pas partie des anciennes éditions

DE TRÈS-NOMBREUSES VUES DU PARIS NOUVEAU, PAR CLERGET

ET DU PARIS ANCIEN, PAR CHAMPIN

ET DE 500 CROQUIS DE BERTALL, HENRY MONNIER, etc., SOUS CETTE RUBRIQUE :

PARIS COMIQUE

10 Centimes la Livraison

Nos souscripteurs nous sauront gré de les prévenir quelques semaines à l'avance que nous préparons une nouvelle édition du livre célèbre, qui est resté comme le tableau le plus complet et le plus piquant de Paris et des mœurs des Parisiens.

LE DIABLE A PARIS complet était devenu, comme les **Animaux peints par eux-mêmes**, un livre introuvable en librairie. Une édition tronquée, qui ne pouvait d'ailleurs être réimprimée, avait pu seule donner depuis aux générations nouvelles une idée imparfaite de cette œuvre curieuse.

Un prospectus illustré, indiquant avec plus de détail les nombreuses améliorations et additions que contiendra la nouvelle édition que nous préparons, paraîtra prochainement.

Des textes nouveaux s'ajouteront aux textes de DE BALZAC, ALFRED DE MUSSET, P.-J. STAHL, CHARLES NODIER, LÉON GOZLAN, GEORGE SAND, OCTAVE FEUILLET, etc., et remplaceront ceux dont l'intérêt avait faibli.

Nous pouvons affirmer que jamais livre si riche n'aura été offert à un tel bon marché.

PARIS. — IMPRIMERIE DE J. CLAYE, RUE SAINT-BENOIT, 7.

www.ingramcontent.com/pod-product-compliance
Lightning Source LLC
Chambersburg PA
CBHW050016100426

42739CB00011B/2670